Optimal A2

Lehrwerk für Deutsch
als Fremdsprache

Arbeitsbuch

von
Martin Müller,
Paul Rusch,
Theo Scherling
und
Lukas Wertenschlag

Grammatik: Helen Schmitz in Zusammenarbeit mit Reiner Schmidt

L

Langenscheidt

Berlin · München · Wien · Zürich · New York

Redaktion: Sabine Wenkums und Lutz Rohrmann
Visuelles Konzept, Layout: Ute Weber in Zusammenarbeit mit Theo Scherling
Umschlaggestaltung: Studio Schübel Werbeagentur; Foto Getty Images / V. C. L.
Zeichnungen: Christoph Heuer und Theo Scherling
Fotoarbeiten (soweit im Quellenverzeichnis nicht anders angegeben): Vanessa Daly

Verlag und Autoren danken allen Kolleginnen und Kollegen, die *Optimal* begutachtet und mit Kritik und wertvollen Anregungen zur Entwicklung des Lehrwerks beigetragen haben.

Optimal A2 – Materialien

Lehrbuch A2	3-468-47031-2
Audio-Kassetten A2	3-468-47034-7
Audio-CDs A2	3-468-47035-5
Arbeitsbuch A2	3-468-47032-0 mit eingelegter Lerner-Audio-CD
Lehrerhandbuch A2	3-468-47033-9 mit eingelegter Lehrer-CD-ROM
Intensivtrainer A2	3-468-47047-9
Testheft A2 mit eingelegter Audio-CD	3-468-47039-8
Glossar Deutsch-Englisch A2	3-468-47040-1
Glossar Deutsch-Französisch A2	3-468-47041-X
Glossar Deutsch Italienisch A2	3-468-47042-8
Glossar Deutsch-Spanisch A2	3-468-47043-6
Lerner-CD-ROM A2	3-468-47038-X

Symbole in Optimal A2

Ü 7	Übung 7 in diesem Kapitel	
A 7	Aufgabe 7 im Lehrbuch	
1.	Hören Sie auf der CD 1 zum Lehrbuch den Index 2.	
	Lösungen hierzu im Lösungsschlüssel	
W	Wiederholungsübung im Grammatik-Teil	
R 1	Rückschau-Übung 1	

Internetadressen:
www.langenscheidt.de/optimal
www.langenscheidt.de

Umwelthinweis: gedruckt auf chlorfrei gebleichtem Papier

© 2005 Langenscheidt KG, Berlin und München

Das Werk und seine Teile sind urheberrechtlich geschützt.
Jede Verwertung in anderen als den gesetzlich zugelassenen Fällen
bedarf deshalb der vorherigen schriftlichen Einwilligung des Verlages.

Printed in Germany · ISBN-10: 3-468-47032-0 · ISBN-13: 978-3-468-47032-5

Inhalt

A1	im Rückblick: Wie sag ich's *optimal*?	4
1	Freiburg/Fribourg	6
Rückschau		13
2	Ein Leben – ein Traum	14
Rückschau		21
3	Unterwegs	22
Rückschau		29
4	Ausbildung	30
Rückschau		37
5	Berlin	38
Rückschau		45
6	Zusammen leben	46
Rückschau		53
7	Arbeit und Beruf	54
Rückschau		61
8	Fremd(e)	62
Rückschau		69
9	Medien im Alltag	70
Rückschau		77
10	Heimat	78
Rückschau		85
11	Herzlichen Glückwunsch	86
Rückschau		93
A2B1	Ausklang: Andrea und Milan	94
Training Test „Start Deutsch 2": Schlusstest		97

Anhänge zum Nachschlagen:

Redemittel	109	Lösungsschlüssel	135
Grammatik	120	Quellen	143

drei | 3

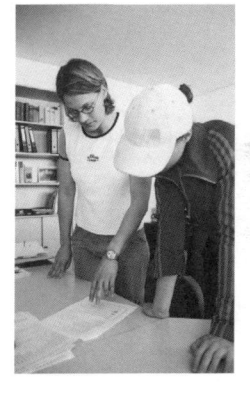

A1 im Rückblick: Wie sag ich's *optimal*?

Können Sie die wichtigsten Situationen aus *OptimalA1* sprachlich bewältigen? Überprüfen Sie das hier Schritt für Schritt. Arbeiten Sie zu zweit oder zu dritt und lösen Sie die Aufgaben A – N.

A
Begrüßen und vorstellen

Sie lernen in den Ferien neue Leute kennen:
Stellen Sie sich vor und fragen Sie:
Name, Herkunft, Sprachen.

B
Zahlen
Monate
Wochentage

Sie stehen im Hotel an der Rezeption:
Nennen Sie Ihr Geburtsdatum,
Ihre Adresse und Ihre Telefonnummer.
Und welchen Tag haben wir heute?

C
Wegbeschreibung

Deutsche Touristen haben in Ihrer Stadt Probleme:
Erklären Sie den Weg zum Bahnhof.

D
Musik
Vorlieben und Abneigung

Sie sprechen mit Freunden über Musik und Hobbys:
Was hören Sie (nicht) gern?
Was machen Sie gern?

E
Beruf

Sie sprechen mit Bekannten über Ihre Arbeit:
Was sind Sie von Beruf? Wo arbeiten Sie?
Wie viele Stunden pro Woche?
Was machen Sie da?

F
Bestellen und einkaufen

Sie machen mit Freunden ein Klassenfest:
Schreiben Sie einen Einkaufszettel.
Spielen Sie „Einkaufen".

G
Sprachen

Sie lernen Deutsch:
Wie lernen Sie?
Was machen Sie gern, was nicht?

Hühnersuppe mit Gemüse

2 kg Hühnerfleisch
12 Frühlingszwiebeln
100 g Spinat
4 Selleriestangen

4 | vier

H Reisen

Sie waren im Urlaub:
Wie sind Sie gereist? Wie lange?
Was haben Sie gemacht?

I Wohnen

Sie erzählen einer Freundin von Ihrer Wohnung:
Wo wohnen Sie?
Wie sieht Ihre Wohnung, Ihr Zimmer aus?

J Einladung

Sie haben eine Einladung für eine Party bekommen:
Sie haben leider keine Zeit.
Schreiben Sie eine kurze Antwort.

EINLADUNG
WANN? AM 8. JUNI
WO? KUPFERGASSE 4, LEIPZIG
WAS? ABENDESSEN MIT FREUNDEN
Claudia und Stefan

K Essen

Sie sprechen mit Ihrem Arzt über Essen und Trinken:
Was essen/trinken Sie gern, was nicht?
Wann essen Sie was? Wo essen Sie am liebsten?

L Körperteile

Sie sind als Patient/in beim Arzt:
Alles tut weh. Welche Körperteile kennen Sie?

M Kleidung

Sie sprechen mit Bekannten über Kleider und Mode:
Was tragen Sie im Moment?
Welche Kleidungsstücke mögen Sie gern, welche nicht? Was tragen Sie im Herbst?

N Wetter

Sie reden mit Bekannten über das Wetter:
Welche Jahreszeit mögen Sie, welche nicht?
Welches Wetter mögen Sie beim Arbeiten und in den Ferien?

Das kann ich gut – kein Problem: _____

Hier habe ich manchmal noch Probleme: _____

Das kann ich noch nicht – das muss ich lernen: _____

1 Freiburg/Fribourg

Ein Stadtrundgang

Ü 1
a) Wählen Sie ein Foto von A 1. Ergänzen Sie.
b) Lesen Sie. Welches Foto ist das? Die anderen raten.

1. Auf dem Foto sieht man _____
2. In der Mitte gibt es _____
3. Hinten ist _____
4. Auf dem Foto sind _____

Ü 2
a) Hören Sie A 2. Folgen Sie den Pfeilen.
b) Ergänzen Sie.

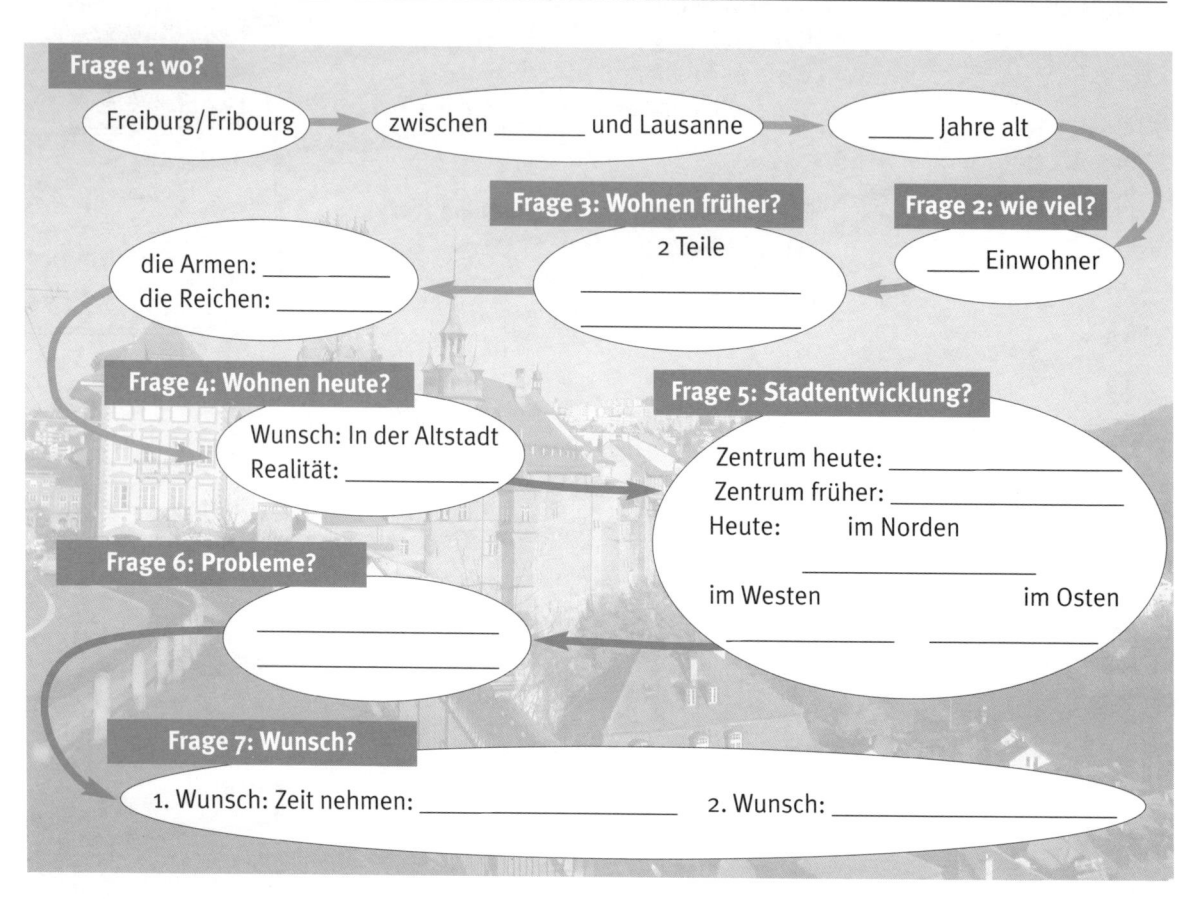

Frage 1: wo?
Freiburg/Fribourg → zwischen _____ und Lausanne → _____ Jahre alt

Frage 2: wie viel?
_____ Einwohner

Frage 3: Wohnen früher?
2 Teile
_____

die Armen: _____
die Reichen: _____

Frage 4: Wohnen heute?
Wunsch: In der Altstadt
Realität: _____

Frage 5: Stadtentwicklung?
Zentrum heute: _____
Zentrum früher: _____
Heute: im Norden
_____
im Westen   im Osten
_____   _____

Frage 6: Probleme?
_____

Frage 7: Wunsch?
1. Wunsch: Zeit nehmen: _____   2. Wunsch: _____

Ü 3
a) Notieren Sie die richtige Frage von A 3.

1. _____
   Für mich ist das Herz der Bahnhof, **die Seele ist** der Fluss.

2. _____
   Ich finde das alte Theater **schön** und die kaputten Häuser **hässlich**.

3. _____
   Meine Stadt habe ich vor vielen Jahren **kennen gelernt. Ich bin** hier **aufgewachsen. Ich bin** im Stadtzentrum zur Schule **gegangen**.

b) Wählen Sie eine Frage und schreiben Sie.

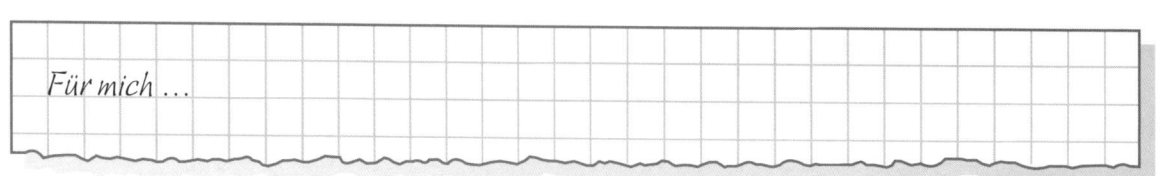

Für mich …

6 | sechs

Wie man eine Stadt liest

1. Ich bin die Treppe hinuntergestiegen. — *die Treppe hinuntersteigen*
2. Ich habe am Ufer gesessen. _____
3. Ich habe dem Wasser zugeschaut. _____
4. Ich habe nachgedacht. _____
5. Ich bin auf den Markt gegangen. _____
6. Ich habe eine Wurst gegessen. _____
7. Ich habe Wasser getrunken. _____
8. Ich habe zugehört. _____

Ü 4 Notieren Sie den Ausdruck im Infinitiv.

1. ein Buch lesen — Er _____
2. durch die Stadt gehen — Wir _____
3. Stimmen und Wörter hören — Sie _____
4. in Gesichter sehen — Ich _____
5. mit der U-Bahn fahren — _____ du _____?
6. einsteigen — Ich _____

Ü 5 Schreiben Sie Sätze im Perfekt.

bestellen • bezahlen • diskutieren • sich wohl fühlen • ~~gehen~~
gehen • kommen • lesen • sehen • setzen • verstehen

Ü 6 Ergänzen Sie die Verben.

Patricia K. erzählt eine Stadtgeschichte:

„Ich war einmal in einer Stadt. Da war es sehr heiß. Ich bin am Morgen in ein Café auf einem großen Platz *gegangen* (1). Ich habe mich _____ (2) und einen Kaffee _____ (3). Ich habe nur Männer _____ (4). Sie haben Zeitung _____ (5) oder _____ (6). Ich habe nichts _____ (7), aber ich habe _____ (8). Und plötzlich ist eine Touristengruppe in das Café _____ (9) und die Stimmung war kaputt. Ich habe schnell _____ (10) und bin _____ (11). Wo war das?

Ich war einmal ...

Ü 7 Schreiben Sie eine Stadtgeschichte wie in Ü 6.

1

Einsprachig, zweisprachig, vielsprachig

Ü 8
a) Was wissen Sie über Freiburg? Notieren Sie.
b) Lesen Sie A 7 und ergänzen Sie.

	Freiburg/Fribourg	Mein Ort / Mein Land
Geographische Lage	*in der Schweiz, zwischen Bern und Lausanne*	
Einwohner		
Sprachen		
Schule und Ausbildung		
Zeitungen/ Radio		
Theater/ Kino		

Ü 9 Ergänzen Sie.

1. _Chantal_ hat gesagt, _sie_ kommt aus Südfrankreich.
2. _____ hat gesagt, _____ studiert an der Uni.
3. _____ hat erzählt, _____ hat mit der Großmutter Deutsch gesprochen.
4. _____ hat gesagt, _____ ist eine andere Person, wenn _____ eine andere Sprache spricht.
5. _____ hat gesagt, _____ ist in Polen aufgewachsen.
6. _____ hat erzählt, _____ studiert in zwei Sprachen.
7. _____ hat gesagt, _____ braucht zwei Kulturen.

Ü 10 Antworten Sie.

1. Welche Sprachen sprechen Sie? _____
2. Wo haben Sie sie gelernt? _____
3. Was spricht man bei Ihnen in der Schule? _____
4. Was sprechen Sie in der Familie? _____
5. Welche Sprachen sprechen Sie mit Ihren Freunden? _____
   _____
6. Wie ist das, wenn Sie Deutsch sprechen? _____
   _____
7. Welche Sprachen möchten Sie noch lernen? _____

8 | acht

Training

Das Lernen planen und organisieren: Ziele setzen

LERNVERTRAG

- Ich arbeite jede Woche zu Hause für den Kurs _____ Stunden.
- Ich lerne jede Woche ____ neue Wörter.
- Ich gebe jeden Monat meinem Lehrer / meiner Lehrerin ____ schriftliche Arbeiten.
- Ich komme regelmäßig in den Kurs. Wenn ich nicht kommen kann, entschuldige ich mich.
- Wenn ich nicht in den Kurs kommen kann, informiere ich mich über die Hausaufgaben.

- _____

_____   _____
Datum und Unterschrift   Unterschrift des Lehrers / der Lehrerin

Ü 11
Ergänzen Sie.

Wann machen Sie was?
Mo 24   Di 25   Mi 26

- Deutschkurs besuchen
- Hausaufgaben machen
- Freunde treffen
- _____
- _____
- _____

Wie lernen Sie gerne Deutsch?

- CD hören
- Internet benutzen
- Zeitung lesen
- Mit anderen Leuten Deutsch sprechen
- Wortschatz wiederholen
- Übungen im Arbeitsbuch machen
- _____

Ü 12
a) Wann machen Sie was?
b) Wie lernen Sie Deutsch? Ergänzen und vergleichen Sie.

Tipp:	**Lernen Sie regelmäßig, aber nicht zu lange.**
	Machen Sie nach 30 Minuten 5 Minuten Pause. So macht Lernen Spaß!

Wortschatz lernen: Neue und bekannte Wörter kombinieren

Ich bin die alte Steintreppe hinunter zum Fluss gestiegen, habe am Ufer gesessen und dem Wasser und den Tieren zugeschaut: da ein Hund, hier ein Vogel. Ich habe nichts getan, nur nachgedacht und in mich hinein geschaut. Dann bin ich auf den Markt gegangen. Was soll ich kaufen: fremde Gewürze, farbige Früchte, frische Fische? Ich habe eine sehr scharfe Wurst gegessen, viel Wasser getrunken und zugehört: laute Stimmen und unbekannte Sprachen. Und dann am Abend in der Stadt: Die Sonne ist langsam untergegangen ...

Ü 13
a) Unterstreichen Sie bekannte Wörter. Markieren Sie neue Wörter.

Substantiv	Verb	Adjektiv	andere Wörter
die Treppe, die Treppen	steigen, bin gestiegen	alt	

b) Ordnen Sie.

neun | 9

Wortschatz

Stadt

Ü 14
Notieren Sie das Wort mit Artikel.

Touristen-   haus
Hoch-   haus
Bahn-   haus
Park-   hof
Kranken-   information
Denk-   platz
Rat-   mal

1. *die Touristeninformation*
2. _____
3. _____
4. _____
5. _____
6. _____
7. _____

Ü 15
Hören Sie A 13b. Ordnen Sie Fragen und Antworten zu.

1. Gibt es hier eine Touristeninformation?
2. Wo kann ich das Auto parken?
3. Hast du das neue Stadion schon gesehen?
4. Wann machen die Geschäfte hier zu?
5. Hast du das Denkmal gesehen? Wer ist das?

A Im Zentrum neben dem Bahnhof gibt es noch ein paar Parkplätze.
B Um 19 Uhr.
C Weiß nicht. Vielleicht ein Dichter.
D Toll! Ich war gestern dort.
E Gleich da vorne. Gehen Sie bei der Bank links und dann 100 Meter, da ist auf der rechten Seite die Touristeninformation.

Ü 16
Ihre Stadt: Antworten Sie.

1. Gibt es eine Touristeninformation?
2. Ist der Bahnhof im Zentrum?
3. Wo ist das Krankenhaus?
4. Wo ist die Post?
5. Wo kann ich das Auto parken?
6. Wann öffnen die Geschäfte?

1. Die Touristeninformation ist bei …

Wortbildung: trennbare Verben

Ü 17
Ergänzen Sie die Verbform.

1. weggehen: Heute muss ich leider früher _____. 2. abschreiben: Ich bin fertig, ich _____ alle Sätze _____. 3. ansehen: _____ dir das Foto _____! 4. aufschreiben: _____ die Hausaufgaben _____! Dann vergisst du sie nicht. 5. vorlesen: _____ du gerne deutsche Texte _____? 6. zuhören: _____ Sie bitte _____! 7. aussprechen: Das Wort „Altstadttreppe" kann ich fast nicht _____.

10 | zehn

Grammatik

Pronomen „man"

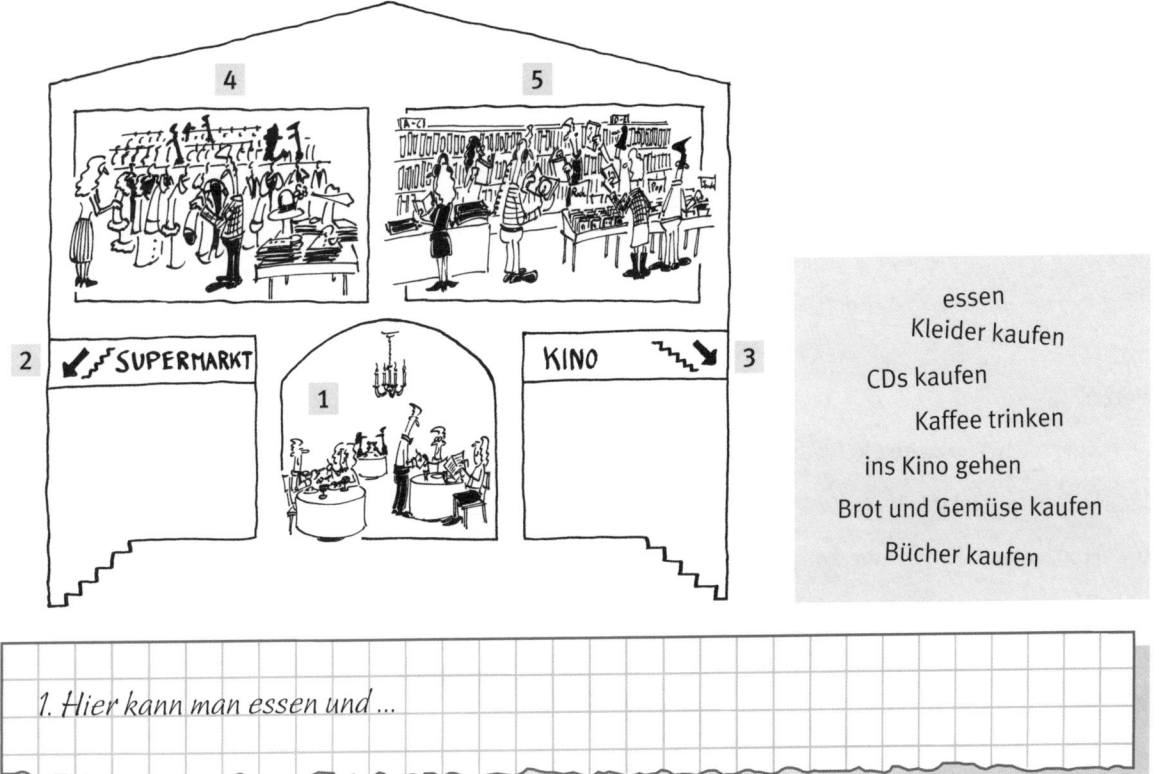

Ü 18
Was kann man hier machen?

essen
Kleider kaufen
CDs kaufen
Kaffee trinken
ins Kino gehen
Brot und Gemüse kaufen
Bücher kaufen

1. Hier kann man essen und ...

Hauptsatz + Hauptsatz: Konjunktoren „und", „aber", „denn"

Ü 19
Ergänzen Sie „und", „aber" oder „denn".

1. Volker ist in Köln. Er ist heute Morgen am Bahnhof angekommen _und_ dann ist er in die Stadt gegangen. 2. Er hat zuerst ein Hotel gesucht, _____ seine Tasche war sehr schwer. 3. Er hat sehr lange gesucht, _____ dann hat er ein schönes kleines Hotel gefunden. 4. Danach ist er zum Dom gegangen, _____ den wollte er schon lange einmal sehen. 5. Dann ist er am Rhein spazieren gegangen _____ hat ein Museum besucht. 6. Langsam hat er Hunger bekommen, _____ er wollte nicht in ein Restaurant gehen, _____ er wollte noch so viel sehen. 7. Er ist in die Fußgängerzone gegangen _____ hat sich ein Sandwich gekauft.

Tipp:	Vor den Konjunktoren „aber" und „denn" steht ein Komma.
	Das Hotel ist klein, **aber** es ist teuer. Das Hotel ist gut, **denn** es liegt zentral.

elf | 11

Grammatik

Redewiedergabe

Ü 20
Was erzählt Herr Allenspach über Freiburg?

1. Die Stadt auf den Fotos ist die Stadt Freiburg oder Fribourg. (sagt) 2. Freiburg liegt in der Schweiz zwischen Bern und Lausanne. (erzählt) 3. Freiburg ist über 800 Jahre alt und hat etwa 35 000 Einwohner. (sagt) 4. In der Altstadt gibt es Stadtmauern mit Türmen, eine Kathedrale aus dem Mittelalter und viele schöne alte Häuser. (erzählt)

1. Herr Allenspach sagt, die Stadt auf den Fotos ist die Stadt Freiburg …

Ü 21
Schreiben Sie.

Peter:
„Ich bin seit zwei Wochen in Freiburg.
Ich studiere Sozialarbeit – auf Deutsch
und Französisch. Ich komme aus Görlitz/Zgorzelec.
Zu Hause sprechen wir Polnisch und Deutsch."

Peter erzählt, …

Chantal:
„Ich bin in Südfrankreich aufgewachsen,
aber wir haben zu Hause Deutsch gesprochen.
In den Ferien war ich oft im Elsass, auch dort
habe ich Deutsch gesprochen."

Wiederholung: Perfekt

Ü 22
Gabi war in Köln. Was hat sie gemacht? Schreiben Sie Sätze.

1. spazieren gehen – und – viel von der Stadt sehen
   Gabi ist spazieren gegangen und sie hat …

2. ein Museum besuchen – und – Geschäfte ansehen – aber – nichts einkaufen

3. den Dom sehen – aber – nicht am Rhein spazieren gehen – denn – es regnet

4. einen Kaffee trinken – und – Leuten zusehen

Rückschau

Eine Stadt beschreiben

Meine Stadt

R 1
a) Wo leben Sie?
Schreiben Sie:
– Lage
– Einwohner
– Sprachen
– Freizeit
b) Bewerten Sie:
++, +, –, – –.

Über Sprachen sprechen

A
Welche Sprachen sprichst du?
Wie lange lernst du Deutsch?
Welche Sprachen spricht man bei euch?

B
Wo hast du Deutsch gelernt?
Welche Sprachen möchtest du sprechen?
Wie ist das, wenn du Deutsch sprichst?

R 2
a) Fragen Sie den Partner / die Partnerin und notieren Sie die Antworten.
b) Bewerten Sie:
++, +, –, – –.

Mein Partner / Meine Partnerin

Das kann ich

		++	+	–	– –
hören	Ich kann Informationen über eine Stadt (Größe, Lage, Probleme) verstehen.				
lesen	Ich kann einfache Informationen über eine Stadt verstehen.				
schreiben	Ich kann einen kurzen Text über eine Stadt schreiben.				
sprechen	Ich kann meinen Wohnort kurz beschreiben.				
	Ich kann Fragen zum Thema „Sprachen" stellen und beantworten.				
Wortschatz	Ich kann Wörter zum Thema „Stadt" und „Natur".				
	Ich kann bekannten und neuen Wortschatz kombinieren.				
Aussprache	Ich kann einen längeren Text rhythmisch sprechen.				
Grammatik	Ich kann Hauptsätze mit *und, aber, denn* verbinden.				
	Ich kann Nebensätze benutzen nach dem Muster: „Er hat gesagt, er kommt."				

R 3
a) Kreuzen Sie an.
b) Fragen Sie den Lehrer / die Lehrerin.

2 Ein Leben – ein Traum

Traum und Wirklichkeit

Ü 1
Lesen Sie A 2.
Welche Vermutung passt zu welchem Bild?

A   B   C

1. ___ Ich glaube, die Frau möchte später einmal einen Mercedes kaufen.
2. ___ Ich glaube, dass die Frau im Sommer Ferien am Meer machen möchte.
3. ___ Es kann sein, dass die Frau einmal von Beruf Stewardess werden möchte.
4. ___ Vielleicht möchte die Frau eine Reise mit dem Flugzeug machen.
5. ___ Es ist möglich, dass die Frau einmal mit der Familie am Meer leben möchte.
6. ___ Es kann sein, dass die Frau bei Mercedes arbeiten möchte.

Ü 2
Lesen Sie A 2 und A 3 Abschnitt 1. Notieren Sie die Antworten.

1. Wo ist Gundi aufgewachsen? *In Grissenbach, in einem kleinen Dorf auf dem Land.*
2. Wo liegt Grissenbach? _____
3. Was war ihr Kindertraum? _____
4. Wie lange ist sie in Grissenbach in die Schule gegangen? _____
5. Was ist sie von Beruf? _____
6. Wo haben sie und ihr Mann gewohnt? _____

Ü 3
Lesen Sie A 3 Abschnitt 2 und 3. Ordnen Sie zu.

1. Wann hat Gundi die Stelle bei Mercedes bekommen?
2. Wo hat Gundi bei Mercedes gearbeitet?
3. Hat sie bei Mercedes viel verdient?
4. Was sieht Gundi mit 30 im Fernsehen?
5. Was war für Gundi klar?
6. Was sagt Gundi heute?

A Eine Sendung über Amnesty.
B Sie hat sich nicht frei gefühlt.
C Sie musste weggehen.
D In der Marketingabteilung.
E Ein paar Jahre nach der Hochzeit.
F Ja, sie hat viel Geld verdient.

Ü 4
Was ist *Ihr* Traum? Wo und wie möchten Sie leben?

Ich habe einen Traum. Ich möchte später einmal ...

14 | vierzehn

A ___ Am Abend und am Wochenende habe ich in der Amnesty-Gruppe gearbeitet.
B _1_ Mein Mann und ich, wir haben uns getrennt.
C ___ Am Tag habe ich Werbung für teure Autos gemacht.
D ___ Ich bin dann an einen anderen Ort gezogen.
E ___ Dann bin ich nach Madrid gefahren.
F ___ Zuerst habe ich mit der Arbeit bei Mercedes aufgehört.
G ___ Dort habe ich Spanisch gelernt.

Ü 5
Lesen Sie A 4 und ordnen Sie die Sätze.

	R	F
1. Ja, das kann ich sagen.	☐	☐
2. Ich habe einen Monat zwei Leben gelebt.	☐	☐
3. Amnesty international hat wirklich mein Leben verändert.	☐	☐
4. Ich hatte immer diesen Traum von Lateinamerika.	☐	☐
5. Ich war zum ersten Mal in meinem Leben allein im Ausland.	☐	☐
6. Aber für mich war klar, dass ich Spanisch lernen musste.	☐	☐
7. Ja, plötzlich war der Traum Realität.	☐	☐
8. Wir sind im Land herumgefahren.	☐	☐
9. Die politische Arbeit war sehr interessant.	☐	☐
10. Die Natur ist sehr schön.	☐	☐

Ü 6 1.16
Hören Sie A 4b.
Richtig oder falsch?
Kreuzen Sie an.

1. Wie lange bleibt Gundi wohl in Chile? *Es kann sein, dass* _____

2. Geht Gundi wieder zurück nach Deutschland? *Ich glaube, dass* _____

3. Was arbeitet Gundi, wenn Sie nach Deutschland zurückkommt? *Vielleicht* _____

4. Glauben Sie, dass Gundi Probleme hat, wenn Sie nach Deutschland zurückkommt? _____

5. Kann es sein, dass Gundi wieder heiratet? _____

Ü 7
a) Was vermuten Sie?
Diskutieren und schreiben Sie.

Mit 44 lebe ich vielleicht in …

b) Was machen Sie mit 44?

fünfzehn | 15

2

Rückkehr

Ü 8
Lesen Sie A 6.
Was ist falsch?
Markieren und
korrigieren Sie.

1. Gundi ist bald wieder nach Deutschland zurückgekehrt.
2. Gundi hatte Schwierigkeiten mit den Menschen in Chile.
3. Gundi hat bei Amnesty in Deutschland einen Job gefunden.
4. Gundi hat geheiratet und eine Tochter bekommen.
5. Gundi möchte allein eine Weltreise machen.

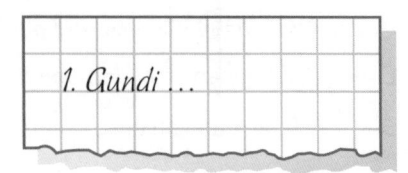

1. Gundi ...

Ü 9
Lesen Sie A 6 und
schreiben Sie Sätze.

1. Gundi – haben – Schwierigkeiten – in – Deutschland – mit den Menschen
   _____
   _____

2. Menschen – die – freundlich – Chile – in – und – offen – sein
   _____
   _____

3. Gundi – Stelle – eine – finden – bei der Partei „Bündnis 90 / Die Grünen"
   _____
   _____

4. Gundi – Rudolf – heiraten – und – ein Kind – sie – bekommen
   _____
   _____

Ü 10
Was gefällt Ihnen in
der Geschichte von
Gundi? Was nicht?

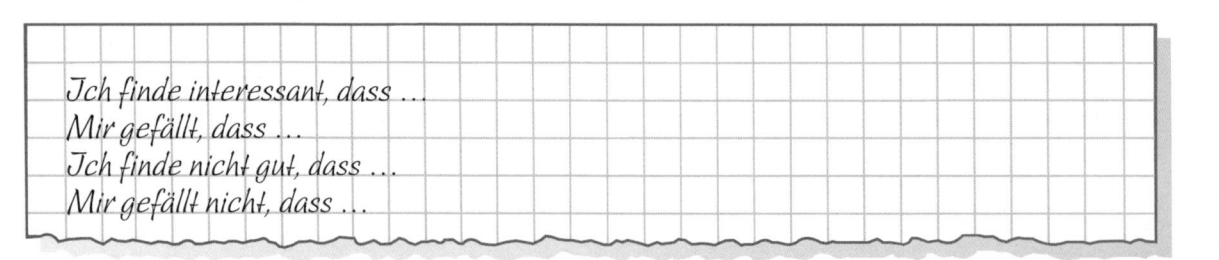

Ich finde interessant, dass ...
Mir gefällt, dass ...
Ich finde nicht gut, dass ...
Mir gefällt nicht, dass ...

Ü 11
Ordnen Sie zu.

1. Ich habe schon als Kind
2. Ich wollte später einmal
3. Ich bin in Linz aufgewachsen und dort
4. Mit 16 habe ich eine Lehre
5. Mit 18 habe
6. Etwas später haben
7. Aber ich war nicht glücklich, ich
8. Nach drei Jahren haben wir uns getrennt

A wollte weg und eine Reise machen
B immer vom Film geträumt
C als Elektriker gemacht
D ich meine Freundin kennen gelernt
E auch zur Schule gegangen
F Musiker werden
G und ich habe eine Weltreise gemacht
H wir dann geheiratet

16 | sechzehn

Training

Wörter thematisch ordnen

1. _D_ Temperatur – Schnee – Sonne – minus 8 Grad – Himmel – warm – frieren – Natur
2. ____ Rezeption – Schlüssel – im Zentrum – reservieren – mit Dusche – unterschreiben
3. ____ Lösung – kontrollieren – korrigieren – Übung – Test machen – lernen – Grammatik
4. ____ Medizin – Fieber – Arm – Erkältung – Pille – husten – Operation – Doktor
5. ____ joggen – springen – tanzen – atmen – Ball – spielen – Athlet – Eishockey – Ski

A Sprachen lernen
B ein Hotelzimmer buchen
C krank sein
D übers Wetter reden
E Sport treiben

Ü 12
Ordnen Sie den Wörtern die Themen zu.

Informationen zeitlich ordnen

Musikerinnen und Musiker aus Zagreb, Zürich und Paris sind Gäste in Graz

Die „International Week" findet seit 1974 immer im Frühling in Graz statt. In der Regel nehmen drei ausländische Gasthochschulen an dieser „Woche der Begegnung" teil. Bisher waren bereits Musikerinnen aus 69 Städten zu Gast in Graz. Dieses Jahr sind junge Musikerinnen und Musiker aus Zagreb, Zürich und Paris vom 29. März – 4. April Gäste der „International Week". Auf dem Programm stehen wie immer fünf Konzertabende mit den eingeladenen Musikschulen. Die Konzerte im Palais Meran beginnen um 19.45 Uhr. Der Eintritt ist frei.
Am ersten Abend, am 29. März präsentieren Studierende aus Graz Kompositionen von jungen österreichischen Komponisten. Am Montag, dem 1. April präsentiert ein Streichquartett aus Zagreb mit Domagoj Pavlovic an der Klarinette Werke von Debussy und Boris Papandopulo. Einen Tag später, am 2. April spielen junge Musiker aus Zürich/Winterthur Klavierquintette von Juliusz Zarebski und César Franck. Am Mittwoch, dem 3. April spielt das Alma Quartett aus Paris Streichquartette von Mozart und Beethoven. Zum Schluss – am 4. April – musiziert das Grazer Orchester mit Solisten der Gastschulen im Grazer „Congress". Karten gibt es an der Abendkasse. Auf dem Programm stehen Mozarts Konzert für Horn und Orchester, Saint-Saëns' Konzert für Violoncello und Orchester und Brahms' Konzert für Violine und Orchester.

Ü 13
a) Lesen Sie und markieren Sie Zeitsignale.
b) Ordnen Sie Informationen und Zeitsignale.

Jahr	Monat/Woche	Tag	Uhrzeit/Reihenfolge
seit 1974	im März	am Morgen	um 8 Uhr
2004	am 29. März	am Mittag	um Viertel vor acht
dieses Jahr	im April	am Abend	in einer Stunde
nächstes Jahr	am 4. April	am Vormittag	vor 10 Minuten
letztes Jahr		am Nachmittag	
im Frühling	diese Woche	vor zwei Tagen	am Anfang
im Sommer	am Montag	gestern	zuerst
im Winter	am Dienstag	heute	dann
im Herbst	am Mittwoch	morgen	später
	am Wochenende	in zwei Tagen	zum Schluss

Ü 14
Welche Zeitsignale finden Sie in Ü 13? Markieren Sie.

siebzehn | 17

2 Wortschatz

Leben

Ü 15
Hören Sie A 11 und ergänzen Sie.

1. a) Ich bin hier in Winterthur geboren und _____
   b) Ich wollte weggehen, reisen und _____
2. a) 1974 ist mein Vater in die Schweiz gekommen. Da hat er meine Mutter _____
   b) Er hat sich von meiner Mutter getrennt und ist nach Mali _____
3. a) Ich habe hier in Winterthur die Primarschule und das Gymnasium _____
   b) Das war nicht leicht. Und deshalb wollte ich nicht in der Schweiz _____
4. a) Und nach der Lehre habe ich gearbeitet und _____
   b) Und ich war auch in Mali und habe meinen Vater _____
5. a) Wir haben uns total verliebt. Wir haben uns sofort gut _____
   b) Heute lebe ich hier in Zürich und bin _____

Ü 16
Lesen Sie die Notizen zur Biografie von Erkki und schreiben Sie.

Erkki – geboren – Rovaniemi/Finnland – 1980
aufgewachsen in Rovaniemi – Schule mit 6 Jahren
Traumberuf: Skifahrer oder Golfspieler
Hobbys: Skifahren, Golf, Badminton und Squash
mit 19: Schule beendet
mit 20: studiert in Rovaniemi Rechtswissenschaft
Heute: studiert in der Schweiz Deutsch und Französisch

Zeitinformationen

Ü 17
a) Hören Sie A 12 und ergänzen Sie.

1. ● Wann bist du geboren? ○ Ich bin _____ geboren.
2. ● Und wann bist zur Schule gegangen? ○ Mit _____ bin ich in die Primarschule gegangen.
3. ● Und wann hast du geheiratet? ○ Ich war sehr jung. Ich habe mit ____ geheiratet.
4. ● Wann war das? ○ Das war genau im Jahr _____ .
5. ● Und wie alt war deine Frau damals? ○ Meine Frau, die war damals _____ .
6. ● Und wann hast du die Stelle bei Ford bekommen? ○ Das war vor ____ Jahren, im Frühling _____ .
7. ● Und wann willst du die Weltreise machen? ○ Vielleicht in ____ Jahren – etwa im Jahr _____ .
8. ● Wie alt bist du dann? ○ Wie alt? _____ . Stimmt – genau _____ .

b) Notieren Sie wichtige Daten aus Ihrer Biografie und erzählen Sie.

| 19.. | neunzehn... |

18 | achtzehn

Grammatik

Verb „werden"

1. Ich mache eine Lehre. Und was _____ du? – Ich _____ Industriekauffrau.
2. Wir schaffen es! Wir _____ berühmt.
3. Er hat Halsschmerzen. Er _____ krank.
4. Arbeitet nicht so viel, ihr _____ müde.
5. Sie studiert Medizin. Sie _____ Ärztin.

Ü 18
Ergänzen Sie „werden".

Wer?	Thomas und Paul	du	wir	Tanja	ich	ihr
Was?	Verkäufer/Verkäuferin	alt	Arzt/Ärztin	berühmt	müde	Maler/Malerin

(Würfel: 1, 2, 3, 4, 5, 6)

Ü 19
a) Spielen Sie.
b) Schreiben Sie sechs Sätze.

Würfeln Sie 2-mal.
Beispiel: Sie würfeln 2 – 5 = *Du wirst müde.*

Thomas und Paul werden Ärzte. Du wirst …

Ü 20
Wer wurde was?

- Boris – Manager — *Ich werde Fotograf.*
- Markus – Maler — *Ich werde Lehrer.*
- Gabi – Apothekerin — *Ich werde Ärztin.*
- Ruth – Journalistin — *Ich werde Industriekauffrau.*
- Felix – Musiker — *Ich werde Verkäufer.*

Boris wollte Fotograf werden, aber er wurde Manager.

Grammatik

Satz: Nebensatz mit „dass"

Ü 21
Ergänzen Sie die Pronomen.

Peter erzählt:

„**Ich** arbeite bei Mercedes.

Das gefällt **mir** gut.

Aber **ich** habe kein Auto. **Ich** brauche nur ein Fahrrad."

Peter erzählt, dass

_____ (1) bei Mercedes arbeitet.

Er sagt, dass es _____ (2) gut gefällt. Aber er sagt, dass _____ (3) kein Auto hat und dass _____ (4) nur ein Fahrrad braucht.

Ü 22
Was erzählt Gundi?

1. Andreas und ich haben sehr jung geheiratet. (sagen)
   Gundi sagt, dass Andreas und sie sehr jung geheiratet haben.

2. Ich wollte viel von der Welt sehen. (erzählen)
   _____

3. Das Leben auf dem Land hat mir nicht gefallen. (sagen)
   _____

4. Ich war nicht zufrieden. (glauben)
   _____

Ü 23
Was denken Sie?

ich denke (nicht) • es ist möglich • ich glaube (nicht) • es kann sein • ich finde (nicht)

1. Reisen ist interessant. — *Ich finde (nicht), dass* _____
2. Geld macht glücklich. — _____
3. Fernsehen ist ungesund. — _____
4. Sport ist gesund. — _____
5. Früh aufstehen ist schön. — _____

Textreferenz: Demonstrativ-Artikel „dieser", „dieses", „diese"

Ü 24
Ergänzen Sie.

1. Hans will in Italien arbeiten. Er hat _____ Traum schon als Kind gehabt. 2. Petra arbeitet bei Mercedes, sie ist Managerin. Sie findet _____ Arbeit sehr interessant. 3. Seit wann arbeitest du in _____ Firma? 4. _____ Mann ist ein bekannter Musiker. 5. _____ Essen schmeckt sehr gut! 6. Ich bin umgezogen, ich muss meinen Pass ändern. Ich mag _____ Formulare nicht! 7. Warst du schon in _____ Hotel?

Rückschau

Über sich sprechen

Probleme haben • weggehen • sich verlieben • zur Schule gehen • Geld verdienen

1. kennen lernen – sich verstehen – heiraten
2. geboren werden – aufwachsen
3. die Schule beenden – eine Lehre machen – eine Stelle finden
4. unglücklich sein – unzufrieden sein – sich trennen
5. einen Traum haben – unterwegs sein – eine Weltreise machen

A
Geburt: Jahr – Monat – Tag
Schule(n)
Reise(n)
Beruf/Studium
Traum
heute

B
Geburt: Jahr – Monat – Tag
Schule(n)
Reise(n)
Beruf/Studium
Traum
heute

R 1
a) Was passt? Ergänzen Sie und ordnen Sie zeitlich.
b) Bewerten Sie:
++, +, −, − −.

R 2
a) Erzählen Sie dem Partner / der Partnerin.
b) Bewerten Sie:
++, +, −, − −.

Vermutungen äußern

nicht genug Geld haben • Probleme mit der Freundin haben • Fieber haben

1. Er ist nicht gekommen. _____
2. Sie hat nicht bezahlt. _____
3. Er hat geweint. _____

R 3
a) Schreiben Sie drei Vermutungen.
b) Bewerten Sie:
++, +, −, − −.

Das kann ich

		++	+	−	− −
hören	Ich kann Informationen in einer Geschichte verstehen.				
lesen	Ich kann Informationen in Texten zeitlich ordnen.				
schreiben	Ich kann wichtige Lebensstationen kurz beschreiben.				
sprechen	Ich kann über mich sprechen (Schule, Wohnort, …).				
	Ich kann Vermutungen äußern.				
	Ich kann über Träume sprechen.				
Wortschatz	Ich kann Wörter zum Thema „Leben".				
	Ich kann Wörter thematisch ordnen.				
Aussprache	Ich kann den Satzakzent erkennen.				
	Ich kann Zahlen flüssig sprechen.				
	Ich kann Konsonantenverbindungen sprechen.				
Grammatik	Ich kann das Verb *werden* benutzen.				
	Ich kann Nebensätze mit *dass* benutzen.				
	Ich kann die Demonstrativ-Artikel *dieser, dieses, diese* benutzen.				

R 4
a) Kreuzen Sie an.
b) Fragen Sie den Lehrer / die Lehrerin.

einundzwanzig | 21

3 Unterwegs

Faszination Bahnhof

Ü 1
Wo ist das auf dem Foto A 1? Zeigen Sie dem Partner / der Partnerin den Ort.

1. Eine Frau kauft am Kiosk „Presse" Zeitungen und Schokolade.
2. Rechts und links außen sieht man die neuen ICE-Züge.
3. In der Mitte stehen die Leute vor dem Informationsschalter. Drei Personen geben Auskunft.
4. Zwei große Informationstafeln informieren die Fahrgäste über Abfahrt und Ankunft.
5. Im Bahnhof stehen große „Willkommen-Figuren". Da findet man aktuelle Reiseinformationen.
6. Ein Mann möchte am Kiosk „Obst" Proviant für die Reise kaufen.

1.28
Ü 2 Hören Sie A 2. Ergänzen Sie.

1
Ja, wirklich schade, aber wir kommen ja im Herbst wieder. –
Auf _____, Verena. …
Immer dieser Stress am Bahnhof! _____ – und mach's gut!

2
Die Dame, bitte? – _____ noch eine Tageszeitung? …
So. Ist das alles? – Nein, ich _____ eine Tafel Schokolade.

3
Ich habe gerade den Zug nach Hannover _____. Wann fährt der nächste, bitte? …
Vielen Dank. Und muss ich da _____? – Nein, der fährt direkt bis Hannover.

4
Vielen Dank für die _____. – Gern geschehen. Gute _____! …
So, was kann ich für Sie tun? – Ehm, ich _____ die S-Bahn. Wo fährt die S-Bahn?

5
So, wer ist dran? – Entschuldigung, _____ nur Früchte? …
Und haben Sie auch _____ Warmes? – Aber sicher.

6
Gleis 4, an alle Fahrgäste nach Prag – meine Damen und Herren, der ICE nach Prag, fahrplanmäßige _____ um 12.48 auf _____ 4, hat circa 25 Minuten _____.

22 | zweiundzwanzig

Ü 3
a) Lesen und ergänzen Sie.

1. Beim Wort Bahnhof denken viele Leute an Züge, _____ oder Koffer.
2. Das ist normal, weil hier Tag und Nacht Züge _____ oder ankommen.
3. Junge und alte Menschen treffen oder _____ sich hier.
4. Bahnhöfe in Großstädten sind innen _____ als alte Bahnhöfe.
5. In großen Bahnhöfen kann man heute einkaufen wie in einem _____.
6. Bahnhofshallen sind gute Orte für _____ und Sportveranstaltungen.

b) Ergänzen Sie.

A Bahnhöfe waren schon immer Orte für _____
B Heute sind große Bahnhöfe auch Orte für _____

Ü 4
a) Ordnen Sie die Fragen den Schildern auf dem Foto zu.

1. Entschuldigung, wo ist der Parkplatz?
2. Ich suche die Toilette.
3. Wo kann ich Geld wechseln?
4. Zu den Zügen, bitte!
5. Ich suche ein Taxi.
6. Wo kann ich Fahrkarten kaufen?
7. Wo ist der Busbahnhof?
8. Ich habe bei „rail-link" ein Auto reserviert. Wo ist das?

b) Ordnen Sie die Fragen 1–8 zu.

A Gehen Sie gleich hier rechts die Treppe hoch.   1. _____
B Gehen Sie da hinten rechts die Treppe runter.   _____

Ü 5
a) Lesen Sie und notieren Sie Fragen.
b) Spielen Sie.

A

Sie sind in Bern. Sie haben einen Flug um 12.45 ab Zürich. Sie müssen eine Stunde vorher am Flughafen sein. Fragen Sie Ihren Partner: Wann? Umsteigen? Preis? Speisewagen?

Basel SBB

	Zürich Flughafen			Zürich Flughafen	
	umsteigen/change: Zürich HB				
	Hinfahrt / Outward			Rückfahrt / Return	
	ab/dp	an/ar		ab/dp	an/ar
IC	FA14 13(✱)	FA15 43(✱)	IC	12 47 ✱	14 16 ✱
IC	14 40 ✱	16 13 ✱	IC	FA13 17(✱)	FA14 50(✱)
IC	FA15 13(✱)	FA16 43(✱)	IC	13 47 ✱	15 16 ✱
IC	15 40 ✱	17 13 ✱	IC	FA14 17(✱)	FA15 50(✱)
IC	FA16 13(✱)	FA17 43(✱)	IC	FA14 47(✱)	FA16 16(✱)
IC	16 40 ✱	18 13 ✱	IC	FA15 17(✱)	FA16 50(✱)
IC	FA17 13(✱)	FA18 43(✱)	IC	FA15 47(✱)	FA17 16(✱)
IC	17 40 ✱	19 13 ✱	IC	FA16 17(✱)	17 50
IC	FA18 13(✱)	FA19 43(✱)	IC	FA16 47(✱)	FA18 16(✱)
IC	FA18 40(✱)	FA20 13(✱)	IC	FA17 17(✱)	FA18 50(✱)
IC	FA19 13(✱)	FA20 43(✱)	IC	17 47 ✱	19 16 ✱
IC	FA19 40(✱)	FA21 13(✱)	IC	FA18 17(✱)	FA19 50(✱)
IC	FA20 13(✱)	FA21 43(✱)	IC	18 47 ✱	20 16 ✱
IC	FA20 40(✱)	FA22 13(✱)	IC	FA19 17(✱)	FA20 50(✱)

Hinfahrt: Basel – Zürich Flughafen
1. Kl 36 SFr
2. Kl 19 SFr

B

Sie sind in Basel. Sie haben einen Flug um 17.15 ab Zürich. Sie müssen eine Stunde vorher am Flughafen sein. Fragen Sie Ihren Partner: Wann? Umsteigen? Preis? Speisewagen?

Bern

	Zürich Flughafen			Zürich Flughafen	
	direct				
	Hinfahrt / Outward			Rückfahrt / Return	
	ab/dp	an/ar		ab/dp	an/ar
IR	9 43 ✱	10 52 ✱	IR	8 46 ✱	9 56 ✱
IR	FA10 04(✱)	FA11 16(✱)	IC	9 04 ✱	FA10 16(✱)
IR	FA10 43(✱)	11 52 ✱	IR	9 46 ✱	10 56 ✱
IR	FA11 04(✱)	12 14 ✱	ICE	11 00 ✱	11 16 ✱
IR	FA11 43(✱)	12 52 ✱	IR	10 20 ✱	FA11 50(✱)
IR	FA12 04(✱)	13 14 ✱	IR	FA11 13(✱)	FA12 37(✱)
IC	FA12 13(✱)	13 37 ✱	IR	10 46 ✱	11 56 ✱
IR	FA12 43(✱)	FA13 52(✱)	IC	11 20 ✱	FA12 50(✱)
IR	FA13 04(✱)	14 14 ✱	IR	FA12 13(✱)	13 37 ✱
IC	FA13 13(✱)	14 37 ✱	IR	FA13 04(✱)	FA14 16(✱)
IR	FA13 43(✱)	FA14 52(✱)	IR	12 46 ✱	13 56 ✱
IR	FA14 04(✱)	15 14 ✱	IC	FA13 13(✱)	14 16 ✱

Hinfahrt: Bern – Zürich Flughafen
1. Kl 48 SFr
2. Kl 25 SFr

dreiundzwanzig | 23

3

Reise-Orte

1.34
Ü 6
Hören Sie A 5b und ergänzen Sie.

Person	Verkehrsmittel	reist (nicht) gern	Begründung	Details
1. Frau				
2.				möchte am Wochen-ende zu Hause Ruhe haben
3.		reist heute nicht mehr gern		
4.	vor allem mit dem Zug			
5.	Fliegen Bus fahren Zug fahren das ist egal			
6.			nur im Auto ist er frei	

Ü 7
Wie reisen Sie am liebsten? Begründen Sie.

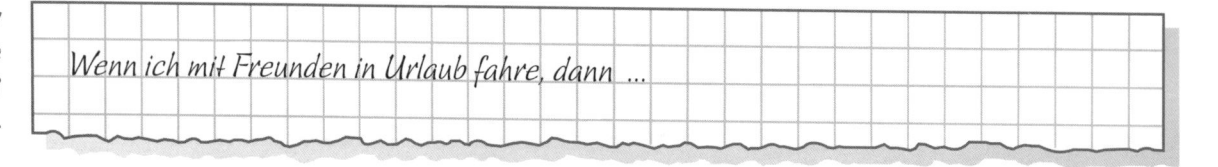

Wenn ich mit Freunden in Urlaub fahre, dann …

Ü 8
a) Wie fahren die Leute zur Arbeit / zur Schule? Ordnen Sie.

1 Ich wohne in Mexiko-City. Ich fahre mit einem grünen Taxi ins Büro, etwa 40 Minuten, und am Abend zurück.

2 Ich komme aus Madrid. Ich gehe zu Fuß zur U-Bahn und dann fahre ich etwa eine halbe Stunde zur Arbeit.

3 Ich wohne in Wan Xiang am Fluss Jangtsekiang. Ich fahre mit dem Fahrrad zur Arbeit, etwa 25 Minuten.

4 Ich wohne in den USA in der Nähe von Portmouth auf dem Land. Ich fahre mit dem Bus etwa eine Stunde zur Schule.

A _2_ B  ___ C  ___ D ___

U | Taxi | Bus | 🚲

b) Wie fährt man bei Ihnen zur Arbeit / zur Schule?

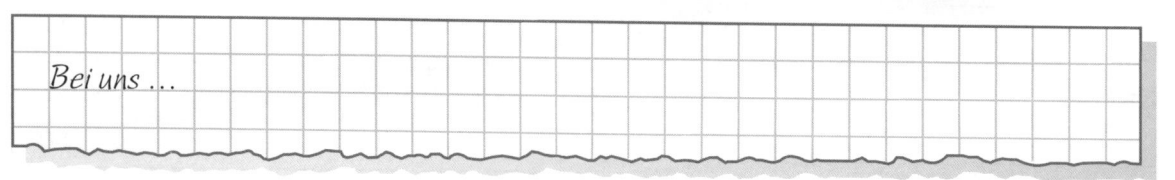

Bei uns …

24 | vierundzwanzig

Training

Redemittel sammeln: um Auskunft bitten

Beim Reisen in Deutschland, Österreich oder in der Schweiz kann es immer wieder Probleme geben, z.B.: Sie verstehen eine Durchsage im Bahnhof nicht. Sie finden nicht mehr zurück ins Hotel. Sie möchten etwas kaufen, aber Sie können es nicht genau sagen. Was tun? Ganz einfach: Fragen! Aber wie? Was sagen Sie, wenn Sie ein Problem haben? Wie bitten Sie um Hilfe?

Ü 9
a) Sammeln Sie Situationen.

1. Ich verstehe den Automaten nicht.
2. Ich verstehe eine Durchsage nicht.
3. Ich finde den Weg ins Hotel nicht mehr.

b) Sammeln Sie wichtige Redemittel.

1. Entschuldigung, können Sie mir helfen? Wie funktioniert der Automat? Wo muss ich hier drücken?

1. Warten Sie, ich helfe Ihnen. Zuerst wählen Sie den Ort, dann wählen Sie die Fahrkarte, und jetzt tippen Sie 1. oder 2. Klasse, so, und jetzt ...

Redemittel ordnen: autofreie Tage

Ich bin für autofreie Tage. Ich bin selbst Autofahrer, aber das macht nichts. Ein paar Tage ohne Auto finde ich gut. Es ist auch gut, weil wir damit etwas für die Natur tun.

Alfons Schuhmacher (26)

Natürlich bin ich dafür. Autofreie Tage sind ein erster Schritt in Richtung Ökologie. Weniger Auto – mehr Natur. Eine Stadt ohne Autos, vier Tage im Jahr, das ist wie ein Traum.

Petra Mordasini (19)

Mir ist das egal. Ich bin Fußgänger. Als Fußgänger bin ich eher für autofreie Tage. Für unsere Natur ist das sicher besser. Und die Luft in der Stadt wird auch besser.

Christian Grünigen (38)

Ü 10
a) Wer ist für autofreie Tage, wer dagegen? Markieren Sie Redemittel.

Die Idee gefällt mir gar nicht. Was mache ich, wenn ich krank bin oder wenn ich mit meiner Familie einen Ausflug machen will? Autofreie Tage? Nein danke! Da bin ich nicht einverstanden.

Verena Furrer (42)

Vier Tage ohne Auto? Ich finde das gar nicht lustig. Ich arbeite sechs Tage in der Woche, und am Wochenende will ich nicht auf den Bus oder auf den Zug warten. Das geht nicht.

Patrick Egger (28)

Autofreie Tage? Ich finde diese Idee einfach genial. Da kann man als Fußgänger mal ohne Angst durch die Stadt spazieren. Ich freue mich jetzt schon. Ich bin voll und ganz dafür.

Brigitte Gadient (17)

b) Notieren Sie Redemittel.

pro	kontra
Ich bin für ...	

3 Wortschatz

Gute Reise!

Ü 11 Ergänzen Sie.

die Durchsage • landet • die Fähre • Stau • Gleis 4 • umsteigen

1. Im Hafen von Bregenz haben wir _____ genommen.
2. Achtung, der ICE nach Hamburg fährt heute auf _____ .
3. Hast du _____ gehört? Wir haben Verspätung.
4. Wir müssen bei der nächsten Haltestelle _____ .
5. Auf der Rückreise hatten wir 15 km _____ auf der Autobahn.
6. Wir holen Pia am Flughafen ab, ihre Maschine _____ um 15 Uhr.

Ü 12
a) Markieren Sie die Wortgrenzen.
b) Notieren Sie die Sätze.

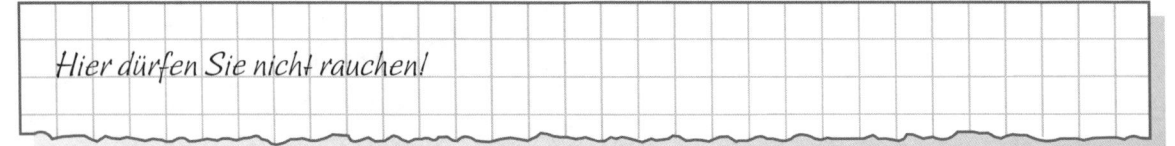

hierdürfensienichtrauchendasflugzeugistnochnichtgelandetkannichbittebezahlenschmecktes
ihnenistheirnocheinplatzfreihabensiereserviertihrefahrkartebittesiemüsseninwienumsteigen
diemaschinehatverspätungdasschiffistgeradeangekommenderpassistnichtmehrgültig

Hier dürfen Sie nicht rauchen!

Tätigkeiten unterwegs

Ü 13 Welches Verb passt? Markieren Sie.

1. Die Fahrkarte können Sie auch im Zug — schicken – kaufen – schreiben.
2. Hast du die Durchsage — gelesen – gesehen – gehört?
3. Wir haben unsere Freunde am Bahnhof — abgeholt – verstanden – gewartet.
4. Wir können ja später im Speisewagen etwas — suchen – trinken – einkaufen.
5. An der Grenze haben wir den Pass — gekauft – gezeigt – gepackt.
6. Bei der Ampel müssen Sie rechts — abbiegen – stehen – warten.

Ü 14 a) Ordnen Sie chronologisch.

Freitag hin – Sonntag zurück!!!
Entdecken Sie das „neue alte" Berlin! Flug und zwei Nächte im Doppelzimmer inklusive Frühstücksbuffet für 250 € pro Person. Gültig nur am Wochenende!

A Wir haben im Internet ein Wochenende in Berlin gebucht. **B** Nach etwa zwei Stunden sind wir in Berlin gelandet. **C** Beim Einchecken wird das Ticket gezeigt. **D** Am Zoll hat der Beamte unsere Pässe kontrolliert. **E** Etwas später ist die Maschine gestartet. **F** Am Freitagnachmittag sind wir mit dem Zug zum Flughafen gefahren. **G** Am Flughafen in Berlin haben wir Geld gewechselt und sind mit dem Bus ins Hotel gefahren. **H** Vom Hotel sind wir zu Fuß zum Potsdamer Platz in eine Disco gegangen. **I** Am Samstagmorgen haben wir lange geschlafen.

1. A 2. ___ 3. ___ 4. C 5. ___ 6. ___ 7. ___ 8. ___ 9. ___

b) Abreise von Berlin und Rückflug: Schreiben Sie.

Am Sonntagmorgen haben wir im Hotel gefrühstückt. Dann ...

Grammatik

Adjektive: Komparativ (prädikativ)

1. Der ICE ist _moderner_ (modern) als der Regionalexpress. 2. Mit dem Regionalexpress kommen Sie eine halbe Stunde _____ (spät) an. 3. Die Fahrzeit mit dem neuen ICE von München nach Köln ist jetzt eine Stunde _____ (kurz). 4. Ich fahre in der Stadt _____ (gern) mit dem Fahrrad, das ist _____ (billig) als die U-Bahn. 5. Berlin ist _____ (groß) als Innsbruck. 6. Ich arbeite gern, aber reisen ist viel _____ (schön).

Ü 15
a) Ergänzen Sie Komparative.

Adjektiv + „-er"	Adjektiv + „-er" (und a, o, u → ä, ö, ü)	unregelmäßig
moderner		

b) Ordnen Sie die Komparative.

schnell • teuer • alt • groß

1. Größe: Hannover ca. 210 km²   Stuttgart ca. 210 km²   Leipzig ca. 300 km²
2. Alter: Nürnberg 11. Jh.   Leipzig 12. Jh.   München 12. Jh.

München – Nürnberg
3. Fahrzeit   Auto ca. 2:00 h   ICE ca. 2:00 h   Regionalexpress 2:35 h
4. Fahrpreis   Auto ca. 25,– Euro   ICE ca. 35,– Euro   Regionalexpress ca. 25,– Euro

Ü 16
Vergleichen Sie.

1. _Leipzig ist größer als Stuttgart. Stuttgart ist genauso ..._
2. _____
3. _____
4. _____

☐ Bücher lesen   ☐ Zeitungen lesen
☐ ins Kino gehen   ☐ ins Theater gehen
☐ U-Bahn fahren   ☐ Fahrrad fahren
☐ CDs hören   ☐ Radio hören

Ich lese lieber Bücher als Zeitungen.

Ü 17
Was machen Sie lieber? Finden Sie einen Partner / eine Partnerin mit drei gleichen Interessen.

siebenundzwanzig | 27

Grammatik

Satz: etwas begründen mit „weil" oder „denn"

Ü 18
Verbinden Sie die Sätze mit „weil".

1. Ich reise sehr gern. Ich lerne gern Menschen kennen.
   Ich reise sehr gern, weil ich gern Menschen kennen lerne.
2. Mein Traum ist eine lange Schiffsreise. Man sieht tagelang nur das Meer.
   _____
3. Ich fahre gern Zug. Ich wohne in der Nähe vom Bahnhof.
   _____
4. Ich reise nicht gern. Ich fahre jeden Tag mit dem Bus zur Arbeit.
   _____
5. Ich mag Flughäfen nicht. Da sind alle Leute im Stress.
   _____

Ü 19
Schreiben Sie. Beginnen Sie die Sätze mit „weil".

1. ich habe kein Auto – es ist zu teuer
2. ich fliege gern mit dem Flugzeug – man ist sehr schnell
3. ich reise sehr gern – man kann fremde Sprachen hören
4. ich fahre gern mit dem Schiff – ich mag das Meer

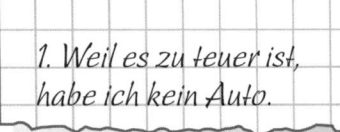

1. Weil es zu teuer ist, habe ich kein Auto.

Ü 20
Notieren Sie drei Fragen mit „Warum?". Spielen Sie.

Warum rufst du nicht an?

Weil mein Telefon kaputt ist.

Warum ...

Wiederholung: Substantiv Plural

Ü 21
Ergänzen Sie die Substantive im Plural.

Koffer • Fahrplan • Freund • Mensch • Bahnhof • Kind • Zug
Tasche • Stadt • Zeitung • Getränk

Ich mag *Bahnhöfe* (1). Wenn ich in der Stadt bin, gehe ich gern zum Bahnhof und sehe den _____ (2) zu: Viele haben schwere _____ (3) und tragen große _____ (4). Hier wartet ein Mann auf _____ (5), da ist eine Frau mit _____ (6) und am Kiosk kaufen die Leute _____ (7) oder _____ (8). Woher kommen die _____ (9) und wohin fahren sie? Ich träume von den _____ (10), die auf den _____ (11) stehen: Rom, Paris, Berlin, Prag, ...

Rückschau

Um Auskunft bitten

A

Sie haben um halb neun einen Termin in Luzern.
Sie landen um 06.10 in Zürich.
Fragen Sie Ihren Partner: Wann? Umsteigen?
Preis? Speisewagen?

Zürich Flughafen **Olten** Zürich Flughafen
direct
Hinfahrt / Outward   Rückfahrt / Return

	ab/dp	an/ar		ab/dp	an/ar
IC	51 1813 (X)	FA1904(X)	IR	51 2140	2250
IR	1843 X	1944 X	IR	+51 FA2155	2250
RX	Ⓐ 1908	2019	IR	2215 X	2320
IC	51 FA1913(X)	FA2004	IR	2315 X	027 X
IR	1943 X	2044 X		51 2335	027 X
IC	51 FA2013(X)	2104			
IR	2043 X	2144 X			
IC	+ 51 2113(X)	FA2204			
IC	51 FA2113(X)	2219			
IR	2143 X	2244 X			
EC	51 2213 X	2320			
IC	2240 X	2335 X			
IR	2243 X	2344 X			
IC	2340 X	040 X			
IR	10 51 043	149			

Hinfahrt:
Zürich Flughafen – Olten
1. Kl 29 SFr
2. Kl. 15 SFr

B

Sie müssen um 24.00 Uhr im Hotel in Olten sein.
Sie landen um 21.20 in Zürich.
Fragen Sie Ihren Partner: Wann? Umsteigen?
Preis? Speisewagen?

Hinfahrt:
Zürich Flughafen –
Luzern
1. Kl 32 SFr
2. Kl. 17 SFr

R 1
a) Spielen Sie.
b) Bewerten Sie:
++, +, −, −−.

1. wir – später – kommen – leider → Zug – Verspätung haben – zwei Stunden
2. ich – nicht – kommen – heute → auf der Autobahn – Stau – 10 Kilometer – sein
3. wir – abfahren – morgen – erst → heute – wir – einen Unfall haben – und – Auto – kaputt sein

R 2
a) Schreiben Sie Sätze mit „weil"
oder „denn".
b) Bewerten Sie:
++, +, −, −−.

Vergleichen

langsamer • billiger • teurer • schnell • weniger

1. Ich kaufe gern im Bahnhof ein. Aber Einkaufen im Bahnhof ist _____ als Einkaufen im Einkaufszentrum. 2. Nur in den Supermärkten am Stadtrand sind die Waren _____. 3. Die Qualität ist da nicht so gut, aber man bezahlt auch viel _____. 4. Wenn man zu Fuß zum Supermarkt geht, dann ist man _____ als mit dem Bus. 5. Mit dem Auto ist man natürlich genauso _____ wie mit dem Bus.

R 3
a) Welches Wort passt?
b) Vergleichen und bewerten Sie:
++, +, −, −−.

Das kann ich

		++	+	−	−−
hören	Ich kann Informationen in kurzen Durchsagen verstehen.				
	Ich kann Aussagen ordnen: pro und kontra				
lesen	Ich kann Aussagen ordnen: pro und kontra				
schreiben	Ich kann über eine Reise schreiben.				
sprechen	Ich kann Touristen einfache Informationen geben.				
	Ich kann meine Meinung sagen und sie begründen.				
Wortschatz	Ich kann Wörter zum Thema „Reisen und Verkehr".				
Aussprache	Ich kann Haupt- und Nebensätze mit Satzmelodie sprechen.				
Grammatik	Ich kann den Komparativ benutzen.				
	Ich kann mit *als* oder *genauso wie* vergleichen.				
	Ich kann Nebensätze mit *weil* benutzen.				

R 4
a) Kreuzen Sie an.
b) Fragen Sie den Lehrer / die Lehrerin.

4 Ausbildung

In der Schule

Ü 1
a) Ergänzen Sie *Ihre* Angaben.
b) Schreiben Sie Sätze.

Lieblingsfächer:	am liebsten / _____ / haben
Hobbys:	meine Hobbys / _____ / sein
Lieblingsbuch:	_____ / ein sehr schönes Buch / finden
Das mag ich sehr:	_____ / sehr gern / mögen
Das mag ich gar nicht:	_____ / gar nicht / mögen
Das nervt mich:	_____ / mich / nerven
Das macht mir Freude:	_____ / mir / Freude machen

Am liebsten habe ich ...

Ü 2
a) Hören Sie A 3 und ergänzen Sie.

a) _B_ Der Unterricht fängt um _acht_ (1) an. Mein Bus fährt um Viertel vor sieben. Ich bin dann _____ (2) halb acht in Bregenz. Und dann muss ich noch _____ _____ (3) zu Fuß gehen.

b) ___ Um sechs. Das ist _____ (4) ein echtes Problem für mich.

c) ___ Zwei Mal pro Woche _____ (5) halb zwei, und drei Mal bis fünf Uhr. Wir haben jetzt, im letzten Schuljahr, 35 Stunden _____ (6).

d) ___ Deutsch, Mathematik, _____ (7) und und und. Wir machen ja die Matura. Und _____ (8) haben wir noch wirtschaftliche und praktische Fächer wie _____ (9) und Servieren.

e) ___ Es geht. Ein paar Lehrer sind wirklich _____ (10). Die machen echt gute Stunden. Da macht es Spaß. Andere sind einfach _____ (11).

f) ___ Die meisten Mitschüler sind ganz _____ (12). Und meine beste Freundin geht auch _____ (13).

g) ___ Französisch und Spanisch habe ich _____ (14) und Biologie finde ich auch gut. Und die praktischen _____ (15) auch.

h) ___ Oh ja. Ich spiele Violine, höre viel Musik und ich surfe auch gern im Internet.

b) Welche Frage gehört zu den Antworten a–h? Ordnen Sie zu.

A Wann musst du aufstehen?
B Eva, wie sieht ein typischer Schultag aus?
C Welche Fächer hast du?
D Um sechs? Das ist aber früh. Und wie lange hast du Schule?
E Was sind deine Lieblingsfächer?
F Noch eine letzte Frage: Hast du auch Hobbys?
G Gehst du gern in die Schule?
H Und deine Klasse? Wie findest du die?

Das Praktikum

1. Eva – in der französischen Schweiz – ein Praktikum machen 2. am Anfang – vieles – nicht verstehen 3. aber – einige Kollegen – ihr – helfen 4. im Hotel – Kollegen aus der ganzen Welt – haben 5. zuerst – mit Händen und Füßen – sich unterhalten 6. wenn – die Arbeit – schwierig sein – an ihren guten Lohn – denken 7. die Arbeit – nicht besonders interessant – sein

Ü 3 Schreiben Sie einen Text.

1. Eva hat in der französischen Schweiz ein Praktikum gemacht. Am Anfang …

Ü 4 Hören Sie A 5. Ordnen Sie.

1 Eva hat diese Schule selbst gewählt.
__ Eva will einfach selbstständig sein.
__ Nach der Schule wollte sie schon immer ins Ausland gehen.
__ Sie lernt dort drei Sprachen, und das ist ihr wichtig.
__ Mit ihrer Ausbildung kann Eva leicht jobben und Geld verdienen.

Ü 5 a) Welche Antwort passt? Ordnen Sie zu.

1. Welche Schule besuchst du?
2. In welche Klasse gehst du?
3. Welche Fächer hast du gern?
4. Welches Fach magst du gar nicht?
5. Was möchtest du nach der Schule machen?
6. Welche Hobbys hast du?
7. Wie lange bist du täglich in der Schule?

A Ich mache gern Sport, aber ich habe neben der Schule nur wenig Zeit.
B Biologie finde ich schrecklich, weil ich nichts verstehe.
C Ich bin in der 11. Klasse.
D Chemie und Physik sind meine Lieblingsfächer.
E Ich gehe ins Gymnasium.
F Wir haben jeden Tag 6 Stunden, Montag bis Freitag von 8.00 bis 13.45 Uhr.
G Ich möchte Mathematik studieren.

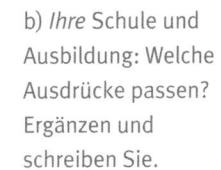

b) *Ihre* Schule und Ausbildung: Welche Ausdrücke passen? Ergänzen und schreiben Sie.

eine Schule besuchen • in die …-te Klasse gehen • die Schule wechseln
eine Ausbildung als … machen • Abitur machen • studieren • lernen • ein Praktikum machen
ins Ausland gehen • Erfahrungen sammeln • selbstständig sein • jobben • Geld verdienen

Ich habe vier Jahre lang die Grundschule in … besucht.
Dann …

einunddreißig | 31

4

Arbeiten und Studieren

Ü 6
Ordnen Sie.

_1_ „Mein Traumberuf als Kind war Bauer", sagt Günter Schmid.

__ „Denn Boden fasziniert mich", sagt Herr Schmid.

__ „Nur auf einem gesunden Boden wachsen gute und gesunde Früchte."

__ Die Arbeit in diesem Projekt findet Herr Schmid sehr interessant.

__ Aber er konnte nicht Bauer werden.

__ Er möchte die Natur besser verstehen und hat begonnen, Biologie zu studieren.

_4_ Nach der Lehre ist er Mitarbeiter im Projekt „Bodenschutz" geworden.

__ Weil er seinen Traumberuf nicht machen konnte, hat er eine Lehre als Gärtner gemacht.

Ü 7
a) Ergänzen Sie.
b) Hören Sie A 7 Teil 1 und kontrollieren Sie.

Herr Schmid ist Gärtner _und_ (1) studiert. Zuerst war er _____ (2) Gymnasium. Aber er war _____ (3) guter Schüler. Mit 15, 16 _____ (4) wollte er mit der _____ (5) aufhören, er hatte keine Lust _____ (6). Aber seine Eltern wollten, _____ (7) er das Abitur macht. _____ (8) dem Abitur ist er _____ (9) geworden. Er hatte genug _____ (10) der Schule. Weil er _____ (11) wollte, hat er eine _____ (12) gemacht. Herr Schmid _____ (13) und studiert auch. Er _____ (14), er hat eine tolle _____ (15), in und _____ (16) der Natur. Er weiß _____ (17), dass Biologie das Richtige _____ (18) ihn ist.

Ü 8
Hören Sie A 7 Teil 2. Was hören Sie? Kreuzen Sie an.

1. [a] Ich arbeite 20 Stunden pro Woche für mein Studium.
   [b] Ich arbeite 20 Stunden pro Woche für das Projekt.

2. [a] Die Vorlesungen sind sehr interessant.
   [b] Die meisten Kurse und Seminare sind sehr interessant.

3. [a] Aber ich habe auch wenig Freizeit.
   [b] Aber ich habe oft wenig Zeit.

4. [a] Ich finde wichtig, dass man viel studiert.
   [b] Ich finde wichtig, dass man die Studienfächer sehr genau auswählt.

5. [a] Man muss genau planen: Wie viel Zeit habe ich für das Studium?
   [b] Man muss viel Zeit für das Studium haben.

Training 4

Auf Zeitsignale achten

Ü 9
a) Wie ist die Reihenfolge? Nummerieren Sie.

1. _D_   2. ___   3. ___   4. ___   5. ___

zuerst • am Anfang • dann
danach • und dann • später
zuletzt • am Ende • am Schluss

der Hund / draußen / warten müssen
der Mann / schlafen / und / der Hund / lesen
der Hund / nicht hinein dürfen
ein Mann und sein Hund / zur Bibliothek / gehen
der Mann / mit einem Buch / kommen / und / mit dem Hund / weg gehen

b) Schreiben Sie die Bildgeschichte.

Zwischen Sprachen vermitteln

Ulm, 24. März

Sehr geehrte Damen und Herren,

ich bin Schülerin an der Fachschule für Tourismus und Wirtschaft in Ulm. Ich besuche die dritte Klasse. Zu meiner Ausbildung gehört ein Praktikum in einem Hotel. Ich möchte gern als Serviererin bei Ihnen arbeiten. Ist das möglich?

Das Praktikum soll 12 Wochen dauern und in der Zeit zwischen Ende Mai und Anfang Oktober stattfinden.

Ich freue mich auf Ihre Antwort.

Mit freundlichen Grüßen

Lisa Müller

Ü 10
Ein Kollege / Eine Kollegin versteht diesen Brief nicht. Machen Sie für ihn/sie Notizen in Ihrer Sprache.

dreiunddreißig | 33

Grammatik

Ü 17
Am Flughafen. Spielen Sie.

Die kurze Hose fehlt, und ich finde die gelbe Jacke nicht mehr!...

Und ich finde ...

Hose (kurz) • Jacke (weiß)
Pullover (schwarz)
T-Shirt (gelb)
Bluse (grau) • Rock (lang)
Bikini (blau)

Ü 18
a) Ergänzen Sie bestimmten Artikel und Adjektiv.
b) Sammeln Sie: Präpositionen mit Dativ.

1. Eva macht ein Praktikum in _der französischen_ (französisch) Schweiz. 2. Am Anfang hatte sie Probleme mit _____ (fremd) Sprache. 3. Aber jetzt spricht sie mit _____ (neu) Kollegen *(Plural!)* Französisch. 4. Nach _____ (interessant) Praktikum möchte sie noch ein paar Tage nach Paris fahren. 5. Am Nachmittag geht sie zu _____ (alt) Reisebüro im Zentrum und fragt nach den Zugverbindungen.

Präpositionen mit Dativ: _in (Frage: „Wo?")_ _____

Ü 19
Ergänzen Sie die Endungen. Achten Sie auf die Artikel.

● Herr Schmid, Sie haben eine ungewöhnlich_e_ Ausbildung (1).
○ Ja, im Gymnasium war ich ein schlecht____ Schüler (2). Ich hatte keine groß___ Lust (3), die viel____ Hausaufgaben (4) hatte ich nicht gern. Mit 15, 16 Jahren wollte ich arbeiten und ich bin Gärtner geworden. Die kreativ____ Arbeit (5) in der Natur gefällt mir und ich arbeite zusammen mit nett____ Kollegen (6).
● Aber jetzt studieren Sie Biologie?
○ Ja, ich arbeite und ich besuche interessant____ Seminare (7). Aber ich habe leider wenig Freizeit, ich muss für die schwer____ Prüfungen (8) viel lernen.

Tipp:	Adjektivendungen
	Adjektive haben im Dativ immer die Endung „-en".
	Sie spricht mit dem ne**u**en Freund. Sie spricht mit einem ne**u**en Freund.
	Sie spricht mit dem klein**en** Mädchen. Sie spricht mit einem klein**en** Mädchen.
	Sie spricht mit der ne**u**en Freundin. Sie spricht mit einer ne**u**en Freundin.
	Sie spricht mit den ne**u**en Freunden. Sie spricht mit ne**u**en Freunden.

Rückschau 4

Einen Tagesablauf beschreiben

A

Lisa

6.00 Uhr:	aufstehen
7.10 Uhr:	mit dem Bus in die Schule
8.00 Uhr:	Schulbeginn
13.30 Uhr:	Schulschluss
am Nachmittag:	Aufgaben machen, lernen
am Abend:	fernsehen, Musik hören, mit Freundinnen ausgehen

B

Günter

8.00 Uhr:	aufstehen
8.45 Uhr:	zu Fuß ins Büro
9.00 – 13.00 Uhr:	arbeiten
13.00 Uhr:	kurze Mittagspause
	Seminare und Kurse an der Universität
am Abend:	eine Arbeit schreiben sich für ein Seminar vorbereiten

R 1
a) Beschreiben Sie den Tagesablauf.
b) Bewerten Sie:
++, +, –, – –.

Über Schule und Ausbildung sprechen

Ausbildung

März 2004	Ende des Studiums
Oktober 1997	Studium Mathematik und Informatik in München
Oktober 1994	Studium Biologie in Berlin, nicht beendet
Mai 1994	Abitur Brecht-Gymnasium Dortmund

Tätigkeit

zur Zeit	Münchner Versicherung
05.03 – 11.03	Praktikum als Programmierer Dresdner Bank München
03.96 – 07.97	Labor „Dr. Koch" Berlin

Peter Bock erzählt:

„Ich habe im Herbst 1994 das Abitur am Brecht-Gymnasium in Berlin gemacht. Im Herbst habe ich in Berlin Physik studiert.
Dieses Studium habe ich nicht beendet. Neben dem Studium habe ich ein halbes Jahr im Labor „Dr. Koch" in Berlin gearbeitet.
1997 bin ich nach München gezogen und habe ein Informatikstudium begonnen. 2004 habe ich mein Studium abgeschlossen und bei der Münchner Versicherung ein Praktikum als Programmierer gemacht.
Zur Zeit bin ich arbeitslos."

R 2
a) Vergleichen Sie: Was ist rechts falsch? Unterstreichen Sie.

b) Erzählen Sie das Leben von Peter Bock.

Das kann ich

		++	+	–	– –
hören	Ich kann Zeitsignale verstehen.				
	Ich kann Interviews zu Schule und Ausbildung verstehen.				
lesen	Ich kann bestimmte Informationen in Texten finden und vergleichen.				
schreiben	Ich kann einen kurzen Steckbrief und einen einfachen Lebenslauf schreiben.				
sprechen	Ich kann über meine Schulzeit und Ausbildung sprechen.				
Wortschatz	Ich kann Wörter zum Thema „Schule, Ausbildung und Studium".				
Aussprache	Ich kann die Konsonanten [f] und [v] unterscheiden und sprechen.				
	Ich kann beim Sprechen Akzente setzen.				
Grammatik	Ich kann Adjektive nach unbestimmtem und bestimmtem Artikel benutzen.				

R 3
a) Kreuzen Sie an.
b) Fragen Sie den Lehrer / die Lehrerin.

siebenunddreißig | 37

5 Berlin

Berliner Luft

Ü 1
Welche Texte passen zu welchem Foto? Benutzen Sie den Stadtplan von A 1.

Nummer: _1_   Nummer: _____   Nummer: _____   Nummer: _____

1. Heute tagt hier das Parlament.
2. Der Ort ist zwischen der Neuen Synagoge und dem Fernsehturm.
3. Das Tor ist wahrscheinlich das bekannteste Gebäude in der Stadt.
4. Mit 10 000 Quadratmetern Grundfläche ist das das größte Hofareal in Europa.
5. Öffnungszeiten 10–18 Uhr, Eintritt 2 Euro.
6. Hier beginnt die Straße „Unter den Linden".
7. Der Reichstag ist ein Symbol für die deutsche Geschichte.
8. Sie können das Museum auch im Internet besuchen – unter der Adresse www.dhm.de.

Ü 2
Lesen Sie A 1b und ordnen Sie zu.

1. Irene Wagner —→ D
2. Jan Colar
3. Irene und Jan

A gehen den ganzen Tag durch das Zentrum.
B kommt aus Tschechien.
C will alles in Berlin sehen.
D kommt aus Deutschland.
E fahren das erste Mal nach Berlin.
F interessiert sich für einen besonderen Platz, weil es dort neue Häuser gibt.

Ü 3 (1.60)
Hören Sie A 2b und kreuzen Sie an.

1. Irene und Jan kommen zur Friedrichstraße   ☐ mit der U-Bahn ☐ S-Bahn ☐ zu Fuß
2. Dort nehmen Sie die U-Bahn Linie   ☐ 16 ☐ 60 ☐ 6
3. Das Mauermuseum ist   ☐ an der Kochstraße ☐ in Alt-Mariendorf
                                                    ☐ an der Friedrichstraße

Ü 4
Antworten Sie.

1. Hast du Lust auf die Museumsinsel? (Einverstanden / wir / gehen / ins Historische Museum)
2. Ich möchte auf den Kudamm. Und du? (Nein / ich / müde sein / ich / mögen / ins Hotel)
3. Ich habe eine Idee. Komm, wir gehen in den Tiergarten. (Gute Idee / zuerst / wir / kaufen ein Sandwich / dann / wir / essen / im Tiergarten)
4. Und morgen gehen wir ins Mauermuseum. (Nein, auf keinen Fall / lieber / ich / gehen / in die Nationalgalerie / ich / finden / Bilder / spannender)
5. Was machen wir jetzt? (Ich / nicht wissen / vielleicht / wir / können / Bootsfahrt machen)

1. Einverstanden, gehen wir ins Historische Museum.
2. …

38 | achtunddreißig

An der Mauer

1. Wo kann man heute noch Mauerreste sehen?
2. Wie lange gab es die Mauer?
3. Wann war die Maueröffnung?
4. Wo hat der Mann damals gelebt?

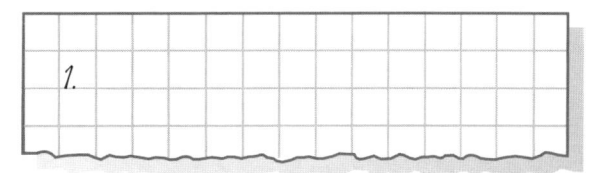

1.

Ü 5
Lesen Sie A 4 und antworten Sie.

	R	F
1. Ralf Gerlach hat früher in Ostberlin gelebt.	☐	☐
2. Am 9. November 1989 hat Ralf Gerlach Radio gehört.	☐	☐
3. Um 20 Uhr hat Ralf Gerlach gehört, dass die Menschen aus der DDR frei reisen können.	☐	☐
4. Ralf Gerlach und seine Frau sind mit der Straßenbahn zur Mauer gefahren.	☐	☐
5. Um 23 Uhr konnte Ralf Gerlach nach Westberlin fahren.	☐	☐
6. Die Leute aus West-Berlin haben sie begrüßt und ihnen Blumen und Sekt geschenkt.	☐	☐
7. Ralf Gerlach und seine Frau haben in Westberlin ein Bier getrunken.	☐	☐
8. Um 2 Uhr sind Ralf Gerlach und seine Frau wieder zurückgefahren.	☐	☐
9. Die Leute haben die ganze Nacht gefeiert.	☐	☐

Ü 6
Hören Sie A 5 und kreuzen Sie an.

1. Herr und Frau Gerlach – Ostberlin leben
2. Sie – 9. November – die Nachrichten sehen
3. DDR-Bürger reisen dürfen – in die BRD und nach Westberlin
4. 11 Uhr abends – Grenzsoldaten – die Grenze öffnen
5. Westberliner – Ostberliner – Blumen und Sekt schenken
6. Herr und Frau Gerlach – Stadtrundfahrt machen
7. Sie – sehen wollen – Kudamm mit den vielen Geschäften
8. Sie – nach Hause – gegen 1 Uhr – fahren
9. Viele Leute feiern – ganze Nacht – am Alexanderplatz
10. Alle – glücklich sein
11. Herr Gerlach – die Nacht vom 9. November – nie vergessen

Ü 7
Schreiben Sie die Geschichte in der Vergangenheit.

1. Herr und Frau Gerlach haben in Ostberlin gelebt.

Ein besonderer Tag   Name: Name:
Wann war das?
Wo war das?
Was ist passiert?
Was hast du gemacht?

Warum?

Ü 8
Machen Sie Interviews im Kurs und notieren Sie.

neununddreißig | 39

5

Potsdamer Platz

Ü 9
Lesen Sie A 7 und antworten Sie.

1. Was gab es alles an diesem Platz?
2. Wer hat den Zweiten Weltkrieg gewonnen?
3. In wie viele Teile hat man Berlin geteilt?
4. Seit wann gab es zwei deutsche Staaten?
5. Was war am 13. August 1961?

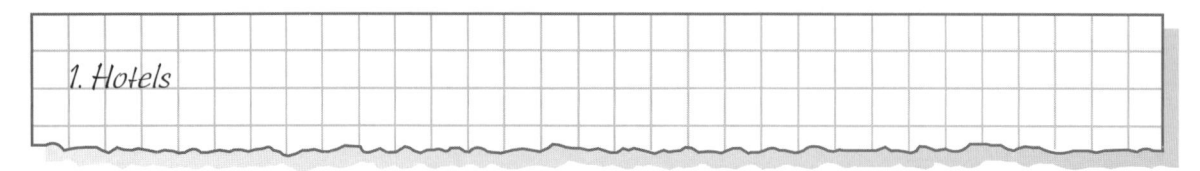

1. Hotels

Ü 10
a) Schreiben Sie die Sätze neu.
b) Welche Sätze passen zu welchem Bild?

A Nummer: _____
B Nummer: _____
C Nummer: _____

1. derpotsdamerplatzwarfrühereinwichtigerplatz.
2. mansiehteinekreuzungundeinestraßenbahn.
3. von1961bis1989warberlininzweiteilegeteilt.
4. früherhabendietouristenvoneinemturmindenostengeschaut.
5. deraltepotsdamerplatzistheutedasneuezentrumvonberlin.
6. dashochhausimhintergrundistwahrscheinlichdassonycenter.

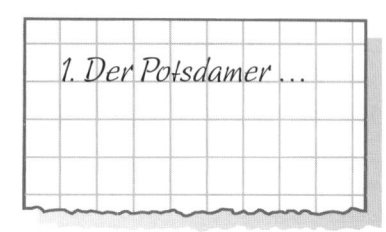

1. Der Potsdamer ...

Ü 11
a) Unterstreichen Sie wichtige Wendungen.
b) Schreiben Sie über einen Ort in Ihrem Land.

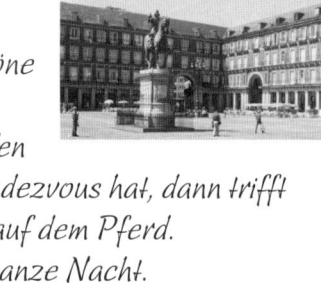

Ein <u>bekannter Ort in meiner Stadt</u> ist die Plaza Mayor. Der Platz ist in der Altstadt von Madrid. Er ist 120 Meter lang und 94 Meter breit. Früher war hier ein arabischer Marktplatz. Der Platz ist berühmt, weil es hier viele schöne Häuser gibt, zum Beispiel die „Casa de la Panaderia" (= die „Bäckerei") oder das Rathaus. Auf dem Platz treffen sich am Abend die Leute aus Madrid. Wenn man ein Rendezvous hat, dann trifft man sich beim Denkmal von König Philip III., dem Mann auf dem Pferd.
Es gibt Rockkonzerte und man redet und feiert fast die ganze Nacht.
Als Kind habe ich hier alte Briefmarken gekauft, denn am Sonntag gibt es immer einen Markt.

40 | vierzig

Training 5

Mit dem Wörterbuch arbeiten

Gebäude *n* building; structure; *besonders großes, bemerkenswertes:* edifice

Krieg *der; -(e)s, -e;* 1 **ein Krieg** *(gegen jemanden / mit jemandem)*; **ein Krieg** *(zwischen* Ländern, Völkern); ein Land bereitet einen Krieg vor, fängt einen Krieg an, beendet, gewinnt, verliert einen Krieg; -K: **Weltkrieg** 2 *mit den Nachbarn im Krieg liegen*

DDR *die; -; nur Sg.* (Abk. für Deutsche Demokratische Republik) einer der beiden deutschen Staaten (von 1949 bis 1990) K-: **DDR-Bürger, DDR-Regierung**

1. Artikelwort von Gebäude?
   ☐ der ☐ das ☐ die
2. Artikelwort von Krieg?
   ☐ der ☐ das ☐ die
3. Welche Bedeutung von Krieg ist in A 9 richtig?
   ☐ 1 ☐ 2
4. Gibt es einen Plural von DDR?
   ☐ ja ☐ nein
5. Was heißt „Abk."?
   ☐ Abkommen ☐ Abkürzung

Ü 12
Beantworten Sie die Fragen. Markieren Sie die Antwort im Wörterbuchartikel.

Substantiv	*Artikelwort*	*Plural*	*Meine Sprache*
Gebäude	*das (n = neutrum)*	*Gebäude*	
Weltkrieg			

Ü 13
Lesen Sie A 7 und A 9. Ergänzen und raten Sie.

Verb		*Infinitiv*	*Meine Sprache*
war ... zerstört	→ *en*	*zerstören*	
baute	→ *en ... auf*	*aufbauen*	
gingen	→ *a – e – i – o – u + en*	*gehen*	
geteilt	→ *en*		

Tipp:	Ein Wort dreimal im Wörterbuch nachschlagen = Wort lernen

1. Nachschlagen: Markieren Sie das Wort im Wörterbuch mit einem Punkt.
2. Nachschlagen: Machen Sie einen zweiten Punkt.
3. Nachschlagen: Schreiben Sie eine Lernkarte.

Hören: Notieren – ordnen – schreiben

Irene – Paris – vor 6 Monaten mit Zug – 3./4. Tag: krank – billiges Hotel im Zentrum – 1. Tag: Eiffelturm gesehen – müde, viel geschlafen, Regen – 2. Tag: am Abend Kino: toller Film – am Nachmittag: Spaziergang durch die Stadt – breite Straßen / viele Straßencafés – Picasso-Museum – am Morgen: Demonstration gegen Regierung – viel Polizei → Angst

Wer? Irene
Wo?
Wann?
Was?
Irene ist vor 6 Monaten ...

Ü 14
a) Ordnen Sie.
b) Schreiben Sie.

5 Wortschatz

Ein Stadt-Plakat

Ü 15
Vergleichen Sie Berlin mit Ihrer Stadt.

1. In Berlin gibt es … Einwohner, bei uns …
2. In Berlin gibt es den Reichstag, bei uns heißt das …
3. Berlin ist genauso wie …
4. Berlin ist … als …

> 1. In Berlin gibt es 3,4 Millionen Einwohner, bei uns …

Staat und Politik

Ü 16 1.64
Hören Sie zwei Meldungen von A 12c und ergänzen Sie.

Staatsbesuch be___ ___ Königspaar

B___ seinem Staats___ ___ ___ ___ ___ hat d___ Präsident führ___ ___ ___ Regierungsvertreter getr___ ___-___ ___ ___. In Gespr___ ___ ___ über Pol___ ___ ___ ___, Kultur u___ Wirtschaft sprach m___ vor al___ ___ ___ über zwei The___ ___ ___: gegenseitige Hi___ ___ ___ und d___ ___ Frieden i___ der We___ ___. …

Ne___ ___ Umwelt-Ges___ ___ ___ ___

Bei d___ ___ Umwelt-Konf___ ___ ___ ___ ___ haben Poli___ ___ ___ ___ ___ aus allen Part___ ___ ___ ___ die aktu___ ___ ___ ___ Probleme disku___ ___ ___ ___ ___. Dazu e___ ___ Politiker von d___ ___ Grünen: „We___ ___ wir ni___ ___ ___ bald vernü___ ___ ___ ___ ___ Gesetze mac___ ___ ___, gibt e___ eine Katas___ ___ ___ ___ ___ ___! …"

Ü 17
Welche Wörter passen? Ergänzen Sie.

| Bevölkerung • Demonstranten • Gesetze • Katastrophe • König • Königin • Nahrungsmittel |
| Politiker • Probleme • schlimmer |

1. Bei der Konferenz haben _____ nach Lösungen für die schwierigen _____ gesucht.
2. Die Not in der _____ ist groß, denn es gibt kein Wasser und keine _____.
3. „Die Luftverschmutzung wird immer _____! Wenn wir nicht bald vernünftige _____ machen, gibt es eine _____!"
4. Zum Abschluss hat der Präsident auch den _____ und die _____ besucht.

Ü 18
Ihr Land? Ergänzen Sie.

1. Bei uns gibt es eine Demokratie/Monarchie/…
2. Unser Präsident / Unsere Königin heißt …
3. Im Parlament sitzen … Parlamentarier. Es heißt …
4. Die wichtigsten Parteien sind …
5. Die Regierung ist politisch links / in der Mitte / rechts. Das merkt man, weil …

> 1. Bei uns gibt es eine Monarchie mit einem König und einer Königin. Die Monarchie ist 1000 Jahre alt.

Grammatik

Wiederholung: Präpositionen

Präpositionen mit Dativ, Präpositionen mit Akkusativ

Ü 19 Ergänzen Sie.

1. Irene und Jan sind _seit einem Tag_ (seit – ein Tag) in Berlin. 2. Irene möchte noch _____ (zu – das Historische Museum) und Jan möchte _____ (mit – das Boot) fahren. 3. Sie haben noch _____ (bis – nächster Montag) Zeit. 4. Irene möchte nicht _____ (ohne – ihr Freund) ins Museum gehen, also fahren sie zusammen _____ (von – das Hotel) _____ (mit – die U-Bahn) 5. Jan und Irene sind am Fluss, aber sie sind nicht allein: Touristen _____ (aus – die ganze Welt) haben dieselbe Idee. 6. Irene und Jan kaufen Tickets _____ (für – die lange Tour). 7. Sie fahren drei Stunden _____ (mit – das Boot) _____ (durch – die Stadt).

Wechselpräpositionen

Ü 20 Was passt zusammen?

1. Der Fotoapparat liegt
2. Leg den Reiseführer bitte
3. Die Tickets sind
4. Die Filme sind
5. Ich lege die Filme

A auf dem Tisch.
B ins Regal.
C auf dem Stuhl.
D auf den Stuhl.
E im Regal.

_1. A, C, E;_ _____

Ü 21
a) Markieren Sie die Verben.
b) Ergänzen Sie.

● Hallo Gabi, ich bin _im_ (1) Museum, wo bist du?
○ Ich bin v____ _____ (2) Eingang. Und wo bist du?
● Ich stehe h_____ _____ (3) Eingang.
○ Okay, ich komme zum Eingang. ...
● Gehen wir noch i_____ (4) Café Kanzler?
○ Gerne. I_____ (5) Café Kanzler war ich schon lange nicht mehr.
● Das Sofa ist frei. Komm, wir setzen uns a____ _____ (6) Sofa.
○ Setz du dich a____ _____ (7) Sofa, ich sitze lieber a____ _____ (8) Stuhl.
● Ich habe Hunger. Wo ist denn die Karte?
○ Da, a____ _____ (9) Tisch, u____ _____ (10) Zeitung.
● Ach ja, hier ist sie, danke.

Grammatik

Ü 22 Schreiben Sie die Sätze.

1. Irene / leben / an / der Bodensee.
2. Sie und Jan / fahren / mit / der Zug / nach / Berlin
3. Sie / ankommen / spät / an / der Bahnhof
4. Sie / suchen / ein Hotel / in / das Stadtzentrum
5. Jan und Irene / fahren / zu / das Mauermuseum
6. Irene / sich stellen / vor / die Mauerreste
7. Jan / machen / ein Foto / von / seine Freundin

1. Irene lebt am Bodensee. 2.

Tipp: Wechselpräpositionen

in   an   auf   zwischen   über   hinter   vor   und   neben
                                unter

Hier kann's Dativ ⊙ oder Akkusativ ⟹ geben.

Präteritum: „kommen", „sagen", „geben" und Modalverben

Ü 23 Ergänzen Sie die Verben im Präteritum.

1. Irene und Jan _waren_ (sein) in Berlin. 2. Sie _____ (wollen) viel sehen. 3. Aber Berlin ist eine große Stadt und sie _____ (können) nicht alles sehen. Jan erzählt: „Am ersten Tag haben wir mit einem Mann gesprochen. 4. Er _____ (sagen), dass er sich noch genau an den 9. November 1989 erinnert. 5. Er und seine Frau haben die Nachricht im Radio gehört und sie _____ (können) es nicht glauben. 6. Er _____ (sagen): 7. ‚Wir _____ (wollen) sofort in den Westen und eine Stadtrundfahrt machen. 8. Die Stimmung war phantastisch, alle haben gefeiert und es _____ (geben) Musik, Tanz und Bier.' 9. Nach dem Mauerfall _____ (kommen) viele Touristen in den Osten und später _____ (kommen) dann Architekten."

Ü 24 Schreiben Sie im Präteritum.

1. ihr / sein / in Berlin / ? – Ja, wir / sein / vor zwei Jahren in Berlin / .
2. du / wollen / uns / gestern / besuchen / ? – Ja, aber / ihr / sein / nicht / zu Hause / .
3. ihr / müssen / lange / auf den Bus / warten / ? – Nein, wir / müssen / nur / 5 Minuten / warten / .
4. ich / kommen / gestern / zu spät / ins Kino / . – können / du / den Film / noch sehen / ?

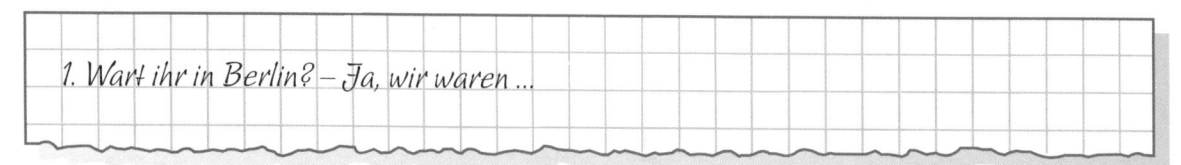

1. Wart ihr in Berlin? – Ja, wir waren ...

44 | vierundvierzig

Rückschau

Zahlen und Fakten verstehen

Köln, die Metropole am Rhein

Köln ist die älteste deutsche Großstadt. Der Name geht auf eine römische Kaiserin zurück. „Colonia" wurde im Jahr 50 n. Chr. offiziell eine Stadt. Noch heute findet man überall Spuren von den Römern, z. B. das Dionysos-Mosaik im Römisch-Germanischen Museum und Teile von der römischen Stadtmauer.

Der **Kölner Dom** mit seinen zwei 157 m hohen Türmen ist das bekannteste Architekturdenkmal in Deutschland. Es hat über 600 Jahre gedauert, bis der Dom „fertig" war, aber auch heute baut und restauriert man immer noch am Dom, deshalb heißt der Dom in Köln auch „*Jottes ewije Baustell". „Wenn der Dom fertig ist, geht die Welt unter", sagen die Kölner – also hoffentlich nie!

Typisch Köln – In Köln fühlt sich die Welt zu Hause. Hier treffen sich die Menschen zu einem Kölsch, dem typischen Bier aus Köln und der näheren Umgebung von Köln, und einem Gespräch. Das Leben in Köln ist unkompliziert und lebendig – die Toleranz und Weltoffenheit der Kölner sprichwörtlich.

*Gottes ewige Baustelle

R 1
a) Lesen Sie.
b) Antworten Sie.
c) Bewerten Sie:
++, +, –, – –.

1. Wie alt ist Köln? 2. Wo kann man Spuren von den Römern sehen? 3. Wie lange hat man am Dom gebaut? 4. Was ist ein Kölsch? 5. Was ist typisch für die Kölner?

Vorschläge machen

A
Sie sind zu zweit in Zürich. Das Wetter ist schön.
Es ist 14 Uhr.
Sie sind müde und Sie fühlen sich nicht so gut.

B
Sie sind zu zweit in Zürich. Das Wetter ist schön.
Es ist 14 Uhr.
Sie haben Hunger und wollen die Stadt entdecken.

R 2
a) Machen Sie einen Vorschlag und antworten Sie.
b) Bewerten Sie:
++, +, –, – –.

Strandhotel „ZÜRI-HORN"
mit Blick auf den See
Heute ab 14.30 Uhr Livemusik am und im See.
Ein kühler Drink wartet auf Sie.
Die Gelegenheit: Bis 17 Uhr zahlen Sie ein Getränk und bekommen zwei.

Kleine Rundfahrten auf dem Zürichsee
In unserem Restaurant servieren wir Ihnen ein kleines Menü.
Sandwichs und Getränke gibt es am Kiosk.
Abfahrten: 13.00 – 14.00 – 14.30 – 15.00
Dauer ca. 1 Stunde – Preis CHF 5.40 (€ 3.80)

Das kann ich

		++	+	–	– –
hören	Ich kann eine kurze Erzählung verstehen.				
lesen	Ich kann in einem kurzen Text einfache Informationen über Deutschland verstehen.				
schreiben	Ich kann Ideen und Notizen ordnen und dann einen kurzen Text über ein Erlebnis schreiben.				
sprechen	Ich kann Vorschläge machen.				
	Ich kann von einem Platz / Haus / einer Straße erzählen.				
Wortschatz	Ich kann Wörter zum Thema „Staat und Politik".				
Aussprache	Ich kann den Murmelvokal [ɐ] sprechen.				
Grammatik	Ich kann Wechselpräpositionen benutzen.				
	Ich kann Präteritum-Formen der Modalverben und von *kommen, sagen, geben* verstehen und benutzen.				

R 3
a) Kreuzen Sie an.
b) Fragen Sie den Lehrer / die Lehrerin.

6 Zusammen leben

Familie heute

Ü 1
Wer sagt was? Ordnen Sie zu.

1. Franz und Anni Kunze finden,
2. Für Herrn und Frau Kunze gehört zu Familie,
3. Für Thomas und Judith ist wichtig,
4. Thomas und Judith denken,
5. Tina Kreuzer und Daniela Mader sagen,

A dass beide Partner selbstständig sind.
B dass sie jetzt keine Zeit für Kinder haben.
C dass viele Leute bei Familie an Vater, Mutter und ein paar Kinder denken.
D eine richtige Familie muss mehrere Kinder haben.
E dass alle im Haushalt mithelfen.

Ü 2
Was steht in der Grafik A 2? Ergänzen Sie.

21 Prozent • allein • ~~bis 2000~~ • im Jahr 2000 • zwei Personen • in Haushalten

1. Die Haushalte haben sich von 1960 _bis 2000_ stark verändert.
2. Im Jahr 1960 hatte ungefähr jeder vierte Haushalt (27 Prozent) _____.
3. 1960 gab es _____ Haushalte mit drei Personen.
4. 1960 gab es nur wenig Haushalte mit einer Person, aber _____ waren es 36 %.
5. Zwei von drei Personen (68 Prozent) lebten im Jahr 2000 _____ oder zu zweit.
6. Im Jahr 2000 lebten je 13 Prozent _____ mit drei oder vier Personen.

Ü 3 (1.70)
Hören Sie A 2b. Was hören Sie? Kreuzen Sie an.

1. [a] Das ist ganz einfach, sieh dir die Grafik an.
   [b] Das ist doch eine einfache Grafik.
2. [a] 36 von 100 Familien, das sind 36 Prozent.
   [b] 36 von 100 Haushalten, ist das nicht gleich wie 36 Prozent?
3. [a] 1960 waren es 21 Prozent, also jede fünfte Familie.
   [b] 1960 war jede fünfte Familie groß, genau 21 Prozent.
4. [a] Genau, und im Jahr 2000 gibt es 13 Prozent Haushalte mit drei und vier Personen.
   [b] Genau, 13 Prozent Haushalte bestehen aus drei oder vier Personen.
5. [a] Die Familien sind in 40 Jahren viel kleiner geworden.
   [b] Aber warum sind die Familien kleiner geworden?

%	
100	alle / jeder, jedes, jede
ca. 95–99	fast alle
75	drei Viertel
66,6	zwei Drittel
ca. 51–55	etwas mehr als die Hälfte
50	die Hälfte
ca. 45–49	etwas weniger als die Hälfte
33,3	ein Drittel
25	ein Viertel
0	niemand

Generationen

- Wer steht denn da hinter dir? Ist das deine _Oma_ (1)?
- Ja, und neben mir, das ist Katharina, meine beste _____ (2).
- Sind deine _____ (3) auch auf dem Foto?
- Ja, die _____ (4) steht neben der Oma, und meinen _____ (5) sieht man nicht gut, der steht ganz hinten, der Mann mit der Brille.
- Hast du keine _____ (6)?
- Doch, Laura ist meine _____ (7), da, mit dem Finger im Mund.
- Und hast auch einen _____ (8)?
- Nein. Mein _____ (9) lebt nicht mehr.
- Ach, wie schade.
- Ja.
- Und wer ist da noch auf dem Foto?
- Da sind meine _____ (10), Eva und Barbara, einfach alle, und die _____ (11), Philipp und Johnny und Elias ...
- Und wer ist der _____ (12) mit dem Bart?
- Das ist _____ (13) Hubert.

Ü 4
Hören Sie A 4 Dialog 1.
Ergänzen Sie.

1. Das ist bestimmt Ihre Familie. Wer ist denn da drauf?
2. Rechts von Ihnen, die Frau mit der Brille, ist das eine Tochter?
3. Und Ihre beiden Söhne, wo sind die?
4. Wann war das?

A Martin hält den kleinen Elias. Und Max steht ganz hinten, mit der Brille.
B Das war bei meinem 80. Geburtstag.
C Ja also, da sind meine vier Kinder, mit ihren Partnern.
D Nein, das ist die Frau von Max, meine Schwiegertochter. Aber links von mir, das ist meine Tochter, Ingrid.

Ü 5
a) Ordnen Sie zu.
b) Hören Sie A 4 Dialog 2. Kontrollieren Sie.

☐ Der Vater ist wenig zu Hause.
☐ Der Vater verdient das Geld.
☐ Der Vater hilft im Haushalt.
☐ Die Mutter macht den Haushalt.
☐ Die Mutter geht arbeiten.
☐ Die Mutter kocht für die Familie.

☐ Wir waren _____ Kinder.
☐ Ich war ein Einzelkind.
☐ Vater und Mutter haben getrennt gelebt.
☐ Ich bin bei meiner Mutter aufgewachsen.
☐ Ich bin bei meinem Vater aufgewachsen.
☐ Ich musste zu Hause helfen.

Ü 6
a) Was passt zu Ihrer Familie? Kreuzen Sie an.

b) Ergänzen und schreiben Sie.
c) Vergleichen Sie.

Meine Schwester und ich sind bei meiner Mutter aufgewachsen. ...

siebenundvierzig | 47

6

Freunde

Ü 7
Lesen Sie A 6.
Welcher Titel passt?
Achtung, nicht alle passen!

A Gute Freunde haben Zeit
B Freunde müssen viel können
C Ein Freund sagt die Wahrheit
D Freunde verstehen besser als Eltern
E Zuhören ist wichtig
F Freunde treffen – am besten jeden Tag
G Freunde kennen mich besser als ich
H Eltern sind gut – Freunde sind besser
I Freunde sind wie eine Familie
J Wir können über alles reden

Text 1: _____ Text 2: _____ Text 3: _____ Text 4: _____

Ü 8
a) Lesen Sie A 6, 1 und 2. Richtig oder falsch? Kreuzen Sie an.

                                                                                              R   F

1. Alice sagt, dass sie ihre Freundin jeden Tag braucht. ☐ ☐
2. Sara hat immer Zeit für Alice. ☐ ☐
3. Sara und Alice machen zwei Mal in der Woche Sport. ☐ ☐
4. Die beiden Freundinnen machen immer gemeinsam Urlaub. ☐ ☐
5. Lutz kann mit Volker am besten über Probleme sprechen. ☐ ☐
6. Michael war früher ein Freund von Lutz, aber jetzt nicht mehr. ☐ ☐
7. Lutz und Ahmed treffen sich regelmäßig. ☐ ☐
8. Ahmed redet oft Blödsinn. ☐ ☐

b) Lesen Sie A 6, 3 und 4. Ergänzen Sie.

1. Ina Stenholm sagt, ihre Freunde in der WG *sind ihre Familie*.
2. Ina sagt auch, dass sie _____ zusammen wohnen.
3. Und sie sagt, dass Robert und sie _____ mögen.
4. Maria Tauber sagt, dass Nicola _____ als sie ist.
5. Maria erzählt, dass sie mit Nicola über alles _____ .
6. Und sie sagt auch, dass sie und Nicola oft _____ .

Ü 9
a) Schreiben Sie Fragen.
b) Machen Sie ein Interview.

1. wie oft / deine Freunde / sehen
2. wann / eine gute Freundin / brauchen
3. wo / deinen besten Freund / kennen lernen
4. wo / die beste Freundin / leben
5. wer / bei Problemen / dir / helfen
6. wann / ein Freund / Zeit haben / müssen
7. wer / dir / die Wahrheit sagen / dürfen
8. was / am liebsten / mit Freunden / machen
9. wen / anrufen / wenn / es / dir / schlecht gehen
10. wer / dich besuchen / wenn / du / krank sein

Interviewfragen: 1. Wie oft siehst du deine Freunde?

48 | achtundvierzig

Training

Freunde und Bekannte vorstellen

1
Sie sind mit Ihrer Freundin Monika in der Stadt. Monika trifft einen Freund und spricht mit ihm.
- [a] Sie sagen zu Monika: „Kannst du mir deinen Freund vorstellen?"
- [b] Sie hören kurz zu, dann sagen Sie: „Wer bist du?"
- [c] Sie sagen einfach: „Hallo, ich bin … . Und wie heißt du?"

2
Sie sind neu in der Firma. Bei einer Feier reden Sie mit zwei Kollegen. Neben Ihrer Gruppe steht eine Kollegin aus einer anderen Abteilung. Sie haben noch nie mit ihr gesprochen.
- [a] Sie fragen einen Kollegen: „Kennst du die Kollegin? Kannst du mich vorstellen?"
- [b] Sie gehen zu der Kollegin aus der anderen Abteilung und sagen: „Entschuldigung, ich bin neu in der Firma. Darf ich mich vorstellen? …"
- [c] Sie gehen zu der Kollegin aus der anderen Abteilung und sagen: „Entschuldigung, ich kenne Sie nicht. Wie heißen Sie?"

Ü 10
a) Was kann man sagen? Kreuzen Sie an.

formell: Sie	*informell: du*
Entschuldigung, darf ich mich vorstellen?	*Hallo, ich bin … . Und wie heißt du?*

b) Ordnen Sie: „Sie" und „du".

Sie kommen mit Ihrem Kollegen Arno aus einem Konzert. Dort treffen Sie Isabella, eine Freundin. Arno kennt Ihre Freundin Isabella nicht.

c) Spielen Sie.

Ein Ereignis darstellen

1. Wer ist das?
2. Wie heißt er?
3. Wie bitte, wie heißt er?
4. Was macht er?
5. Was heißt das, er schreibt?

A Er schreibt für eine Zeitung.
B Das ist ein Freund von mir.
C Er ist Journalist.
D Rupert, aber alle sagen Rupi.
E Rupi.

Ü 11
a) Ordnen Sie zu.

Wann war das? • Wie war das Wetter? • War es kalt? • Wie alt warst du? • Wie heißt die Stadt? Ist es da schön? • Wo liegt das? • Ist das im Norden? • Warum warst du dort? Was hast du da gemacht? • War das gefährlich? • Was heißt das? • Ist das alles?

Wann war das?	*Wo war das?*	*Was ist passiert?*
Wie alt warst du?		

b) Ordnen Sie die Fragen und ergänzen Sie.
c) Spielen Sie: Sie zeigen ein Bild. Der Partner / Die Partnerin unterbricht mit Fragen.

neunundvierzig | 49

6 Wortschatz

Familie und Verwandte

Ü 12 **Familienlied**

Hören Sie A 11. Ergänzen Sie.

Jeden Sonntag um halb eins _trifft_ (1) sich die Familie,
Knödel, Braten, Suppe fein, mit viel Petersilie!
Vater kocht und Mutter _____ (2), morgens schon ab acht!
Die Schwester liegt im Bett und _____ (3), denn kurz war ihre Nacht!
Der kleine Bruder _____ (4) Klavier, dass es nur so kracht!
Die Oma _____ (5) um neun, sie ist ja soooo allein.
Der Onkel kommt um zehn, _____ (6) nicht vor'm Abend geh'n.
Die Tante _____ (7) für zwei, die Zeit geht nicht vorbei.
Zum Glück _____ (8) es die Tine, sie ist meine Cousine.
Ihr Hund _____ (9) vor der Tür, Bello _____ (10) das Tier.
Wir bringen ihm zu fressen, was wir nicht gerne _____ (11).

Ü 13

Zeichnen Sie ein Wort-Bild von Ihrer Familie (mit Namen).

ICH • die Mutter • der Vater • die Schwester • der Bruder • die Großeltern • die Großmutter
der Großvater • die Partnerin von ... • der Partner von ... • die Frau von ... • der Mann von ...
die Freundin von ... • der Freund von ... • die Tochter • der Sohn • die Schwiegermutter
der Schwiegervater • der Cousin • die Cousine

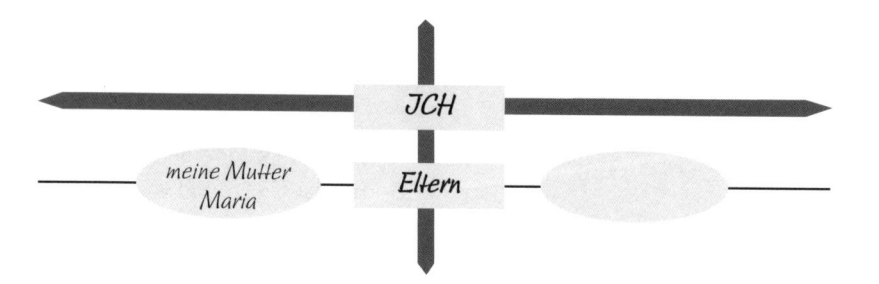

ICH
meine Mutter Maria — _Eltern_

Tipp:	Ausdrücke lernen – Ausdrücke mit Ihren Bekannten und Verwandten verbinden

Was?	Wer?	Merksatz
Zeit für mich haben	Sara	Sara, die Zeit für mich hat
für mich da sein	Robert	Robert, der für mich da ist

Beziehungen

Ü 14 Zu wem passt das? Schreiben Sie.

1. mich gut kennen
2. viel Freude machen
3. Blödsinn machen
4. gut zuhören
5. sympathisch sein
6. eine Brille tragen
7. blonde Haare haben
8. immer schwarze Röcke tragen
   ...

Grammatik

„jed-", „beid-", „viel-" und „all-"

alle • jedem • ~~alle~~ • beide • viele

Ü 15 Ergänzen Sie.

- Wir machen Familienfotos. Kommt ihr bitte _alle_ (1) vor das Haus?
- Schon wieder, wir haben doch schon so _____ (2) Fotos gemacht!
- Ja, aber jetzt machen wir von _____ (3) ein Foto. Du und Marilena, ihr könnt zusammen auf das Foto. Stellt euch doch bitte _____ (4) mal hier hin. Nun kommt schon, _____ (5) machen mit!

-er • ~~-e~~ • -e • -em • -er

Ü 16 Ergänzen Sie die Endungen.

Wir haben keine Kinder. Wir sind beid_e_ (1) sehr aktiv, jed___ (2) hat Erfolg in seinem Beruf und wir haben wenig Zeit. Viel___ (3) Leute sagen, wir arbeiten zu viel. Aber das muss jed___ (4) selbst wissen. Wir sind noch jung und in jed___ (5) Alter hat man verschiedene Interessen.

Wir sind eine große Familie und wir wohnen _alle_ (1) in einem Haus. Meine Eltern wohnen ganz oben. Sie haben _____ (2) ein kleines Zimmer und zusammen ein Schlafzimmer. Im ersten Stock wohnen wir, meine Frau, unsere beiden Kinder und ich. Wir haben vier Zimmer und in _____ (3) Zimmer steht ein Radio. Das Erdgeschoss ist für _____ (4). Hier gibt es ein Wohnzimmer, eine Küche und ein Esszimmer. Wir haben _____ (5) gern Besuch und oft sind _____ (6) Leute im Haus. Bei uns ist immer etwas los.

Ü 17 Ergänzen Sie.

Reziproke Verben

1. sich kennen / schon lange / ihr / ?
2. sich gerne haben / ihr / ?
3. sich sehen / oft / Sie / ?
4. sich zum Sport treffen / Sie / ?

Ü 18 Schreiben Sie Fragen und antworten Sie.

1. Kennt ihr euch schon lange? – Ja, wir kennen uns ...

sich oft sehen • ~~sich kennen lernen~~ • sich gerne haben • sich treffen

Ü 19 Schreiben Sie die Geschichte weiter.

Franz und Ani haben sich in der U-Bahn kennen gelernt. Sie ...

einundfünfzig | 51

6 Grammatik

Satz: Relativsatz mit Relativpronomen „der", „das", „die"

Ü 20 Was passt zusammen?

1. Hier ist das Foto,
2. Kennst du die Frau,
3. Ja. Aber wer ist der Mann,
4. Und was ist das für ein Haus,

A der neben der Frau steht?
B das man auf dem Foto sieht?
C die auf dem Foto ist?
D das ich schon lange gesucht habe.

Ü 21 Ergänzen Sie die Verben.

1. Sind das die Schlüssel, die du _suchst_ (suchen)? 2. Das ist die Familie, die er immer _____ (besuchen). 3. Wer ist der Mann, der mit den Leuten _____ (sprechen)? 4. Ist das der Film, den ihr _____ _____ (sehen wollen)? 5. Wo sind die Bücher, die ich gestern _____ _____ (kaufen)?

Ü 22 Verbinden Sie die Sätze. Schreiben Sie Relativsätze.

1. Das ist der Sänger. Ich kenne den Sänger.
2. Das ist der Sänger. Der Sänger kennt mich.
3. Das ist das Kind. Ich suche das Kind.
4. Das ist das Kind. Das Kind sucht mich.
5. Das ist die Frau. Ich mag sie.
6. Das ist die Frau. Sie mag mich.
7. Das sind die Freunde. Die Freunde laden uns ein.
8. Das sind die Freunde. Wir laden die Freunde ein.

1. Das ist der Sänger, den ich kenne.

Ü 23 Ergänzen Sie das Relativpronomen.

Ein guter Freund ist ein Mensch, _der_ (1) sich Zeit nimmt. Er ist jemand, _____ (2) man immer anrufen kann. Und er ist ein Mensch, _____ (3) gerne lacht, eine Person _____ (4) alles versteht. Am Wochenende besuche ich meine Freundin, _____ (5) in Freiburg studiert. Sie hat eine neue Wohnung, _____ (6) mir sehr gut gefällt.

Ü 24 Schreiben Sie Relativsätze.

1. Thomas / Mann / viel arbeiten
   Thomas ist ein Mann, der viel arbeitet.

2. Judith / Frau / Erfolg im Beruf haben
   _____

3. Tina und Daniela / zwei Frauen / zusammen leben
   _____

4. Deutsch / eine Sprache / mich / interessieren
   _____

5. Herbert Grönemeyer / ein Musiker / ich / gut finden
   _____

Rückschau

Über Familien sprechen

A

Peter Rieser (47 Jahre)
Ich habe meine Frau Anna beim Sport kennen gelernt. Wir waren viele Jahre zusammen, haben aber nicht zusammen gewohnt. Nach sechs Jahren haben wir unseren Sohn Hannes bekommen. Da haben wir auch eine neue Wohnung für unsere Familie gesucht. Anna war dann zwei Jahre zu Hause, dann hat sie wieder gearbeitet und Hannes war in der Kindergruppe. Die Arbeit im Haushalt haben wir geteilt. Heute ist Hannes schon 19 Jahre alt und wohnt in einer eigenen Wohnung. Und wir arbeiten wieder beide voll.

B

Helga Mair (32 Jahre)
Ich habe vor zwölf Jahren geheiratet, mein Mann Franz war wie ich zwanzig Jahre alt. Wir waren verliebt, das Leben war schön. Ein Jahr später haben wir Johanna bekommen und dann die zweite Tochter, Alexandra. Ich war zu Hause bei den Kindern und mein Mann hat gearbeitet. Er hat immer sehr lange gearbeitet, denn unsere neue Wohnung war sehr teuer. Ich war mit den Kindern oft allein. Das ist nicht gut gegangen. Seit fünf Jahren leben wir getrennt, die Kinder sind bei mir. Die Wohnung mussten wir verkaufen. Mein Ex-Mann zahlt jeden Monat Unterhalt für die Kinder. Und ich arbeite natürlich wieder.

R 1
a) Lesen Sie. Notieren Sie 5 Informationen.
b) Erzählen Sie.
c) Bewerten Sie: ++, +, −, − −.

Zusammen wohnen

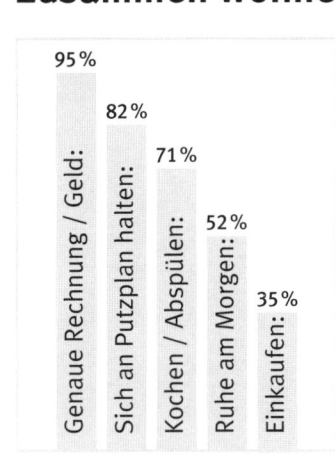

Genaue Rechnung / Geld: 95 %
Sich an Putzplan halten: 82 %
Kochen / Abspülen: 71 %
Ruhe am Morgen: 52 %
Einkaufen: 35 %

Jeder Zweite kann sich ein Leben in einer WG vorstellen. Drei ☒ Viertel ☐ Fünftel ☐ Achtel (1) von den Männern (genau 77 %) leben lieber in einer gemischten WG, aber nur etwas mehr als ☐ ein Viertel ☐ ein Drittel ☐ die Hälfte (2) von den Frauen (55 Prozent) finden gemischte WGs besser. Und die wichtigsten Regeln? ☐ Fast alle ☐ Viele ☐ Einige (3) sagen, dass man beim Geld genau sein muss. Putzen, wenn man an der Reihe ist, finden ☐ vier von fünf ☐ sieben von zehn ☐ etwas mehr als die Hälfte (4) wichtig. Kochen und Abspülen nennen ☐ fast zwei Drittel ☐ fast drei Viertel ☐ etwas weniger als die Hälfte (5). Ruhe am Morgen findet ☐ etwa ein Viertel ☐ ein Drittel ☐ jeder Zweite (6) besonders wichtig. Einkaufen nennt ☐ jeder Vierte ☐ jeder Dritte ☐ etwas weniger als die Hälfte (7).

R 2
Kreuzen Sie an.

Das kann ich

		++	+	−	− −
hören	Ich kann Personenbeschreibungen verstehen.				
lesen	Ich kann wichtige Informationen in einer Grafik und in einem Text dazu verstehen.				
schreiben	Ich kann ein Ereignis beschreiben.				
sprechen	Ich kann über Familie und Freundschaft sprechen.				
	Ich kann Freunde und Bekannte vorstellen.				
Wortschatz	Ich kann Wörter zum Thema „Verwandte und Beziehungen".				
Aussprache	Ich kann Fragen und Nachfragen sprechen.				
	Ich kann die Nasale „ng" und „nk" sprechen.				
Grammatik	Ich kann *jed-*, *beid-*, *viel-* und *all-* benutzen.				
	Ich kann reziproke Verben wie *sich kennen* benutzen.				
	Ich kann die Relativpronomen *der, das, die* benutzen.				

R 3
a) Kreuzen Sie an.
b) Fragen Sie den Lehrer / die Lehrerin.

dreiundfünfzig | 53

7 Arbeit und Beruf

Die Firma Rad-Rapid

Ü 1
a) Zu welchem Foto passen die Sätze? Notieren Sie.

A B C

Nummer: _____ Nummer: _____ Nummer: _____

1. Vielleicht steht die Frau an einer Ampel. 2. Die Firma transportiert Briefe und Pakete. 3. Vielleicht verkauft die Firma Fahrräder. 4. Die Frau sitzt am Computer. 5. Der Mann repariert ein Fahrrad. 6. Man sieht einen Computer und eine Tastatur. 7. Wahrscheinlich schreibt sie eine E-Mail an einen Kunden. 8. Die Frau ist vielleicht Sportlerin und übt für ein Radrennen.

b) Schreiben Sie selbst einen Satz zu jedem Foto.

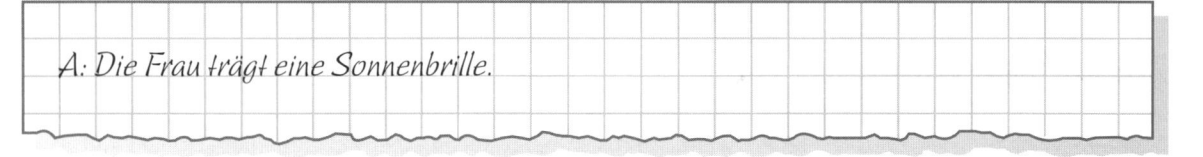

A: Die Frau trägt eine Sonnenbrille.

Ü 2
Lesen Sie A 2: Richtig (R), falsch (F), steht nicht im Text (?)? Kreuzen Sie an.

	R	F	?
1. Die Firma ist in einer deutschen Stadt.	X		
2. Die Firma verkauft Dokumente, Bilder und Fotos.			
3. Die Kunden bringen ihre Dokumente ins Geschäft.			
4. Die Firma gibt es seit 10 Jahren.			
5. Der Anfang war nicht leicht.			
6. Sie haben auch Autos.			
7. Heute arbeiten mehr als 12 Leute in der Firma.			
8. Die Firma Rad-Rapid repariert ihre Fahrräder selbst.			
9. Am Mittag essen alle in der Kantine.			

Ü 3 (1.80)
a) Hören Sie A 3b Teil 1 und antworten Sie.

1. Wo hat Michelle Schneider früher gearbeitet?
2. Wie hat alles angefangen?
3. Was sagt Michelle Schneider über Mona?
4. Was braucht man, wenn man bei Rad-Rapid arbeiten will?
5. Wie sieht Michelle Schneider die Zukunft von Rad-Rapid?

1. Bei der Post.
2.

(1.81) b) Hören Sie A 3b Teil 2 und antworten Sie.

1. Wie lange fährt Mona schon Rad?
2. Was sind die Vorteile und die Nachteile?
3. Wie viel verdient Mona?
4. Was sagt Mona über ihre Chefin?
5. Was sagt Mona über ihren Kollegen?

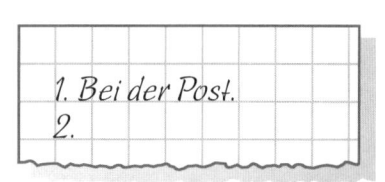

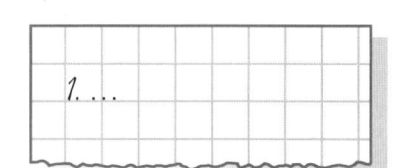

1. ...

7

Der Auftrag

EMPFÄNGER (Firma oder Kundennummer):

Straße [ ] Stockwerk [ ]

Lieferzeit (Uhrzeit) [ ]

Rechnung an ☐ Absender ☐ Empfänger

Ü 4 🔑 1.82
Hören Sie A 6 und notieren Sie.

1. Wohin muss ich gehen?
2. Wo ist das genau?
3. Was muss ich holen? Schon wieder eine Katze?
4. Und wer ist der Empfänger?
5. Wann muss ich dort sein?

A Zwischen acht und halb neun.
B Nein, ein paar Dokumente.
C Kantstraße 45, 2. Stock.
D Das Reisebüro mondo. Die Adresse ist auf dem Formular.
E Zur Firma Ad-weiß, in der Kantstraße.

Ü 5
Ordnen Sie zu. 🔑

1. Ich habe bei/in einem/einer _____ gearbeitet.
2. Am Morgen musste ich zuerst _____.
3. Ich war da _____ Monate/Jahre.
4. Ich habe dort _____ Stunden pro Tag gearbeitet, _____ Tage in der Woche.
5. Ich hatte _____ Urlaub.
6. Das Gute war, dass ich _____.
7. Das Schlechte war, dass ich _____.

Ü 6
Wo haben Sie schon gearbeitet? Schreiben Sie.

Ich habe bei McDonald's gearbeitet. Ich habe in einer Fabrik gearbeitet.

	Ich	Mein Partner / Meine Partnerin
Arbeitsort		
Arbeitszeit		
Tätigkeit		
Arbeitskollegen		
Geld		

Ü 7
a) Was möchten Sie in 5 Jahren arbeiten?
b) Fragen Sie den Partner / die Partnerin und notieren Sie.

fünfundfünfzig | 55

7

Die Suche

Ü 8
a) Ergänzen Sie.
b) Vergleichen Sie mit A 8.

Mona braucht 18 _____ (1) bis zur Werbeagentur. Sie geht in den 2. _____ (2) und _____ (3) die Dokumente. Dann fährt sie mit den _____ (4) in ihrer Kuriertasche los. Die Autos stehen im _____ (5), aber sie ist _____ (6) mit ihrem _____ (7). In der Fichtenstraße _____ (8) sie auf dem Gehsteig. Sie sucht die _____ (9), aber es gibt keine 20.

Ü 9
Schreiben Sie Sätze mit „weil".

Mona hat die Adresse nicht gefunden, ...

1. (Mona / Straßennamen verwechseln)
   weil _____

2. (Fichtenstraße / keine Hausnummer 20 geben)
   weil _____

3. (Mona / auf dem Stadtplan / falsch schauen)
   weil _____

Ü 10
a) Lesen Sie A 10 Text 1 und antworten Sie.

1. Was muss ich abholen?
2. Wie heißt die Pizzeria?
3. Wann muss ich dort sein?
4. Wohin muss ich das bringen?
5. Wer bezahlt?

1. Du musst ...

b) Lesen Sie A 10 Text 3 und ergänzen Sie.

● Hast du schon Aufträge für morgen?
● Wie bitte? Einen Hund _____ (2)?

○ Ja, _____ (1).
○ Hier ist ein Foto.

● Und wo ist das?
● _____ (4)?
● _____ (5)?

○ _____ (3).
○ Die Familie Keller zahlt.
○ Zum Tierarzt in die Muldenstraße 28. Ist alles klar?

● Ja. ich wiederhole: _____
  _____ (6)

56 | sechsundfünfzig

Training

Telefonieren und Notizen machen

1. Ich habe bei der Sprachschule in Frankfurt angerufen: _____
   Die haben heute und morgen zu, weil sie umziehen. _____
2. Die neue Telefonnummer ist: Vorwahl null sechs neun, _____
   und dann zwei neunzehn sechsundneunzig fünf vier fünf. _____
3. Wenn du willst, kann ich auch noch einmal anrufen, _____
   die haben am Morgen schon ab halb acht offen. _____

Ü 11

a) Hören Sie A 11a. Was ist falsch? Markieren und korrigieren Sie.

Anruf von Herrn Artmann Firma Dust
Drucker installieren
kommt morgen nicht um 16 Uhr
Nummer 071 371 78 79

b) Hören Sie A 11b. Korrigieren und ergänzen Sie die Notizen.

A

Anruf von Sabine
morgen keine Zeit
Mittwoch anrufen

B

Herr Schneider
Sitzung am Montag, 2. April nicht um 10 Uhr
neu: 11 Uhr
Bitte Antwort (E-Mail) heute bis 17 Uhr

Ü 12

Informieren Sie den Partner / die Partnerin auf Deutsch oder in Ihrer Sprache.

Begrüßen – sich informieren – sich verabschieden

Tschüss. Und einen schönen Gruß an Mario. • Okay. Tschüss. • Ist Mario da?
Nein danke, ich rufe später noch einmal an. • Nein, leider nicht. Kann ich ihm was sagen?
Ich verstehe dich schlecht. Was hast du gesagt?

Iris Meier.

Hallo, hier ist Franz. Wie geht es dir?

Ü 13

a) Schreiben Sie den Dialog am Telefon.

b) Schreiben Sie einen Dialog mit „Sie".

Tipp: Telefonieren

Vor dem Anruf: Bereiten Sie einen Anruf vor. Notieren Sie den ersten Satz und Ihre Fragen: *Wer? Was? Warum?* Legen Sie Papier und Stift bereit.
Beim Anruf: Lächeln Sie beim Telefonieren. Sitzen Sie oder stehen Sie beim Telefonieren?

Ü 14

a) Was ist Ihr Tipp? Notieren Sie in Ihrer Sprache.

A

Sie besuchen den Deutschkurs A 2. Sie sollen einen Test machen. Sie sind krank und haben Fieber. Sie rufen in der Schule an.

B

Sie arbeiten als Praktikantin in der internationalen Sprachschule. Sie nehmen das Telefon ab und jemand spricht auf Deutsch ...

b) Bereiten Sie das Telefongespräch vor.
c) Spielen Sie.

siebenundfünfzig | 57

7 Wortschatz

Der Arbeitsplatz

Ü 15
Welches Wort passt? Ergänzen Sie die richtige Form.

> den Hammer • ans Telefon • meinen Stuhl • deinem Kaffee • die Zange • einen Automat • die Bremse • die Pflanze

1. Kannst du mal _____ gehen? 2. Setz dich doch auf _____ .

3. Pass auf mit _____ ! Die Tastatur geht kaputt. 4. Ich habe Durst.

Gibt es hier _____ ? 5. Ich glaube, mein Fahrrad ist kaputt. Kannst du

_____ reparieren? 6. _____ sieht aber traurig aus. Hast du ihr kein

Wasser gegeben? 7. Diese Werkstatt ist das totale Chaos! Hast du _____ und

_____ gesehen?

Ü 16
a) Instrumente und Tätigkeiten: Notieren Sie Wörter und Ausdrücke.

> Wo macht man den Bildschirm an? Wie funktioniert der Drucker? Wie kopiert man einen Brief mit dieser Maschine?

> Aua! Mist. Der Nagel ist völlig krumm. Gib mir mal die Zange.

> Hast du die Sitzung schon vorbereitet? Hast du das Zimmer reserviert?

> Gestern habe ich die Lampe und die Bremsen repariert und das Fahrrad geputzt.

> Ich arbeite als Möbelträger. Am Morgen ist immer viel Stress. Da packen wir die Möbel ins Auto. Dann tragen wir alles in die neue Wohnung. Wir haben immer einen Hammer und einen Schraubenzieher dabei. Das Werkzeug brauchen wir für die Schränke.

> Wir machen jeden Tag um 10 Uhr Pause. Dann erzählen wir Geschichten oder diskutieren über den Lohn oder über das Fernsehprogramm von gestern.

b) Was brauchen Sie für Ihre Arbeit? Ergänzen Sie.
c) Schreiben Sie 5 Sätze über Ihre Arbeit.

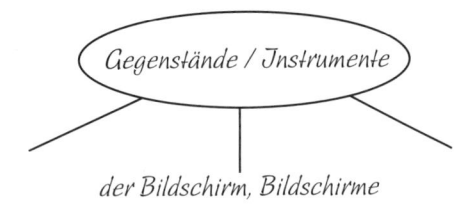

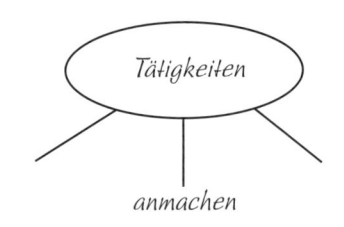

Gegenstände / Instrumente
— der Bildschirm, Bildschirme

Tätigkeiten
— anmachen

Berufe

Ü 17 (1.86)
Hören Sie A 17b. Notieren Sie und markieren Sie Unterschiede.

Mann	Frau	Männer / Frauen
der Bauer	die B__äu__erin	Bauern, Bäuerinnen

58 | achtundfünfzig

Grammatik

Adjektive als Substantive

Der neue Job

1. gut: die Arbeit / interessant — *Das Gute ist die interessante Arbeit.*
2. schön: der Urlaub / lang — _____
3. neu: dass / viel / reisen — *Das Neue ist, dass ich viel reise.*
4. schlecht: dass / verdienen / wenig — _____

Ü 18
a) Schreiben Sie Sätze.

Das Gute an meiner Stadt ist …

b) Schreiben Sie über Ihre Arbeit/Stadt, … .

Possessiv-Artikel

Mona sucht *ihre* (1) Tasche. Sie fragt _____ (2) Chefin: „Michelle, hast du _____ (3) Tasche gesehen?"

● Michelle, du hast die Firma Rad-Rapid gegründet. War das _____ (4) Idee?

○ Ja. Ich habe mit einer Freundin vor 10 Jahren angefangen. _____ (5) Firma war sehr klein.

● Und wie viele Fahrräder hatte _____ (6) Firma am Anfang?

○ Wir hatten nur ein Fahrrad.

Michael Teufel arbeitet in der Werkstatt. Er mag _____ (7) Arbeit. Er will schnell Geld verdienen und dann _____ (8) eigenes Geschäft aufmachen.

● Firma Rad-Rapid, _____ (9) Name ist Michelle Schneider, was kann ich für Sie tun?

○ Werbeagentur „Himmelblau", guten Tag. Wir warten auf _____ (10) Kurier, können Sie mir sagen, wann er kommt?

Ü 19 **W**
Ergänzen Sie die Possessiv-Artikel.

⚀	⚁	⚂	⚃	⚄	⚅
kennen	nehmen	haben	brauchen	suchen	finden
ich	du	er/sie	wir	ihr	Sie
mein-	dein-	sein-/ihr-	unser-	euer-	Ihr-
Büro	Fahrrad	Tasche	Schlüssel	Auftrag	Adresse

Würfeln Sie viermal. Beispiel: Sie würfeln 5 – 2 – 2 – 4:

Suchst du deinen Schlüssel?

Ü 20 **W**
a) Spielen Sie.
b) Schreiben Sie sechs Fragen.

Grammatik

Possessiv-Artikel: Dativ

Ü 21 Ergänzen Sie die Possessiv-Artikel.

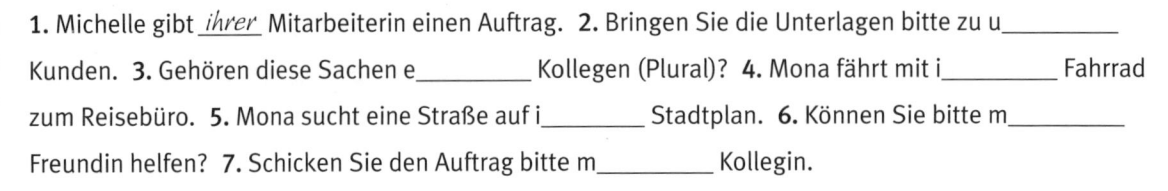

1. Michelle gibt _ihrer_ Mitarbeiterin einen Auftrag. 2. Bringen Sie die Unterlagen bitte zu u_____ Kunden. 3. Gehören diese Sachen e_____ Kollegen (Plural)? 4. Mona fährt mit i_____ Fahrrad zum Reisebüro. 5. Mona sucht eine Straße auf i_____ Stadtplan. 6. Können Sie bitte m_____ Freundin helfen? 7. Schicken Sie den Auftrag bitte m_____ Kollegin.

> **Tipp: Wichtige Verben mit Dativ**
>
> anbieten, bringen, geben, gefallen, gehören, helfen, schenken, schicken
> Beispiel: Was darf ich **Ihnen** anbieten?

Ü 22 Schreiben Sie die Sätze mit Possessiv-Artikel.

1. Peter / arbeiten / in / die Werkstatt
2. ihm / gefallen / die Arbeit / sehr gut
3. Mona / haben / der Auftrag
4. sie / trinken / mit / der Kollege / ein Kaffee
5. Michelle / reden / gerne / mit / die Mitarbeiter

1. Peter arbeitet in seiner Werkstatt. 2. ...

Artikelwörter als Pronomen

Ü 23 Ergänzen Sie.

1
● Meine Uhr ist kaputt. Hast du e_____ für mich?
○ Nein, tut mir Leid, m_____ ist auch kaputt.

2
● Ist das m_____ Glas?
○ Nein, das ist m_____. D_____ steht auf dem Tisch.

3
● Was kochst du heute? Hast du ein neues Rezept für mich?
○ Nein, ich habe k_____. Ich mache wieder Hühnersuppe.

4
● Ich finde meinen Stift nicht!
○ Nimm doch m_____.

Ü 24 Spielen Sie.

Jeder gibt einen Gegenstand in einen Sack. Dann geht's los:
A fragt einen Partner / eine Partnerin: „Ist das dein Bleistift?"
Mögliche Antworten:

„Ja, das ist meiner."
„Nein, das ist nicht meiner." ➜ A fragt einen anderen Partner / eine andere Partnerin:
„Sabine, ist das deiner?"

Rückschau 7

Einen Auftrag geben und verstehen

A

Auftrag 102

Absender: Firma wasch-fix
Rathausstraße 43
Telefon: 45 66 788
Gegenstand: 1 Paket
Empfänger: Familie Hauptmann
Am Berg 11
Bezahlung: Empfänger
Abholzeit: 10 Uhr 45

B

Auftrag 121

Absender: Peter Sauber
Rheintalstraße 18
Telefon: 56 11 754
Gegenstand: 2 Briefe
Empfänger: Silvia Nelde
Tannenweg 23
Bezahlung: Absender
Abholzeit: 21 Uhr 45

R 1
a) Bereiten Sie das Gespräch vor.
b) Geben Sie den Auftrag, der Partner / die Partnerin notiert.
c) Bewerten Sie: ++, +, –, – –.

Über Arbeit sprechen

Ich

Ausbildung: _____

Beruf: _____

Arbeitsort: _____

Arbeitszeit pro Woche: _____

Tätigkeiten/Gegenstände: _____

Mache ich gern: _____

Mache ich nicht gern: _____

Partner/Partnerin

_____

_____

_____

_____

_____

_____

_____

R 2
a) Notieren Sie.
b) Fragen Sie den Partner / die Partnerin.
c) Bewerten Sie: ++, +, –, – –.

Das kann ich

		++	+	–	– –
hören	Ich kann einen einfachen Auftrag verstehen.				
	Ich kann Informationen über Beruf, Arbeitszeit und Arbeitsort verstehen.				
lesen	Ich kann Informationen über eine Firma verstehen.				
schreiben	Ich kann wichtige Informationen in einem einfachen Telefongespräch notieren und weitergeben.				
sprechen	Ich kann einen einfachen Auftrag geben.				
	Ich kann über meine Arbeit sprechen.				
	Ich kann Telefongespräche notieren und weitergeben.				
Wortschatz	Ich kann wichtige Wörter zum Thema „Arbeit und Beruf".				
Aussprache	Ich kann e-Laute sprechen.				
	Ich kann das unbetonte „e" sprechen.				
Grammatik	Ich kann substantivierte Adjektive benutzen.				
	Ich kann Possessiv-Artikel verstehen und benutzen.				
	Ich kann Possessiv-Pronomen verstehen und benutzen.				

R 3
a) Kreuzen Sie an.
b) Fragen Sie den Lehrer / die Lehrerin.

einundsechzig | 61

8 Fremd(e)

In die Fremde gehen

Ü 1
Warum fährt man in deutschsprachige Länder? Schreiben Sie fünf Sätze.

einen Sprachkurs besuchen • Verwandte besuchen • ein Praktikum machen
an einer Fortbildung teilnehmen • Urlaub machen • Land und Leute kennen lernen
eine Arbeit suchen • studieren • Geschäftspartner treffen • einkaufen
mit dem Partner zusammenleben • zu einem Fest fahren • eine Ausbildung machen • Geld verdienen

Ich will in Köln einen Sprachkurs besuchen, weil ich Deutsch für meine Arbeit brauche.

Wir fahren über die Grenze nach Görlitz. Denn da kann man gut einkaufen.

Ich muss für die Firma eine Reise nach Münster machen.

Ü 2
Lesen Sie A 1. Schreiben Sie die Antworten.

1. Wo arbeitet Ernesto Rodríguez?
2. Was brauchen die Arbeiter heute?
3. Was macht Ernesto Rodríguez seit einem halben Jahr?
4. Was liebt Lilit Sarkisian, seit sie sich erinnern kann?
5. Wie hat Lilit Deutsch gelernt, als sie 10 Jahre alt war?
6. Was macht Lilit Sarkisian jetzt?
7. Warum ist Lilit Sarkisian ein bisschen nervös?

1. (Er arbeitet) bei VW Mexiko in der Autofabrik.

Ü 3
a) Hören Sie A 2 Text 1. Kreuzen Sie an.

	R	F
1. Ernesto Rodríguez reist in einem Monat nach Deutschland.	☐	☐
2. Er freut sich, dass er nach Deutschland reist.	☐	☐
3. Er möchte in ein mexikanisches Restaurant gehen.	☐	☐
4. Er hat keine Angst, aber er fühlt sich ein bisschen unsicher.	☐	☐
5. Er reist einmal im Jahr in ein fremdes Land.	☐	☐
6. Er hat gehört, dass die Lehrer auch Spanisch sprechen.	☐	☐

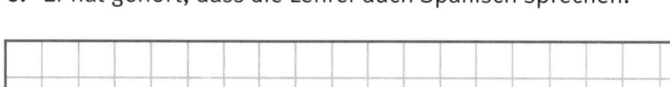

b) Korrigieren Sie die falschen Aussagen.

1. Ernesto Rodríguez reist in ein paar Tagen nach Deutschland.

Ü 4
Hören Sie A2 Text 2. Ergänzen Sie.

Lilit Sarkisian braucht in Deutschland eine Arbeit, weil sie _kein Geld_ (1) hat. Sie hat vor zwei Monaten eine Au-Pair-Stelle _____ (2). Sie glaubt, dass sie eine nette _____ (3) gefunden hat. EU-Europäer brauchen _____ (4), keine Arbeitserlaubnis, keine neue Krankenversicherung. Aber Lilit muss eine Familie haben, die für sie die _____ (5) bezahlt. Sie hat einen _____ (6) für das Visum gestellt und wartet. Sie hofft, dass sie es _____ (7) bekommt. Aber es dauert schon lange. Wenn sie dann wirklich wegfährt, hat sie vielleicht ein komisches _____ (8). Aber sie freut sich, weil das immer ihr _____ (9) war. Aber die Eltern haben _____ (10) um sie.

62 | zweiundsechzig

8

In der Fremde leben

1. 25 Jahre war das ganz normal, ich habe in Bosnien, in Sarajewo gelebt und war glücklich.
2. Dann habe ich hier eine Familie kennen gelernt. Wir sind schnell Freunde geworden.
3. Dann war ich hier: allein, ohne Arbeit, und ich konnte die Sprache nicht.
4. Für diese Freunde war ich kein armer Flüchtling, für sie war ich einfach Nataša. Und das war so wichtig.
5. Ich fühlte mich allein und sehr unsicher, ich hatte Angst vor der Zukunft.
6. Ich gehöre zu den Menschen aus Bosnien, die Kinder aus gemischten Ehen sind: Mein Vater ist Kroate, meine Mutter Bosnierin.
7. Meine erste Arbeit war Putzfrau und Babysitterin.
8. Ich habe diese Arbeit gefunden, als Beraterin für Schüler und Eltern.
9. Und dann kam dieser Krieg. Ich hatte Angst und bin geflohen.

Ü 5
a) Ordnen Sie die Sätze den Überschriften zu.

b) Hören Sie 2.8
A 4b zur Kontrolle.

Bosnien – Österreich   **Neu im fremden Land**   **Ein neues Zuhause**

6, _____   _____   _____

1. ☐ Such Kontakt zu anderen durch deine Hobbys.
2. ☐ Sprich mit anderen, die die gleichen Probleme haben wie du.
3. ☐ Geh immer wieder an den gleichen Ort, dann kennt man dich.
4. ☐ Wenn du freundliche Leute kennst, kannst du sie etwas fragen.
5. ☐ Bitte die Leute, dass sie langsam und nicht im Dialekt sprechen.
6. ☐ Geh in einen Sprachkurs.
7. ☐ Geh an die Orte, wo sich Leute aus deinem Land treffen.
8. ☐ Du musst gleich nachfragen, wenn du etwas nicht verstanden hast.

Ü 6
a) Welche Tipps finden Sie in A 5a? Kreuzen Sie an.

Bleib zu Hause und sieh Fernsehsender aus deinem Land.

b) Schlechte Ratschläge: Schreiben Sie.

1. Ich habe nur „morgn" verstanden.
2. Ich mag das nicht,
3. Das ist nicht angenehm,
4. Und wenn ich nichts sage,
5. Ich habe eine Nachbarin im Wohnblock, eine nette alte Frau.
6. Sie hat zu mir gesagt,
7. Andere haben einfach nichts geantwortet,

A dann denken sie vielleicht, ich will nicht mit ihnen reden.
B ich bin die einzige Ausländerin, die mit ihr redet.
C und das hat sie sehr enttäuscht.
D Dann habe ich gleich gefragt: „Was ist morgen los?"
E Die redet kurz mit allen Bewohnern, die sie trifft.
F aber viele Leute denken einfach nicht an die Schwierigkeiten, die eine Ausländerin hat.
G wenn ich immer nachfragen muss.

Ü 7
a) Ordnen Sie zu.

b) Hören Sie 2.9
A 5b zur Kontrolle.

dreiundsechzig | 63

8

Bekannt und unbekannt

Ü 8
Lesen Sie A 8 und ergänzen Sie.

Christine F. hat sich zuerst _sehr_ (1) verloren gefühlt, als sie _____ (2) Taiwan war. Sie war _____ (3) ersten Mal dort, konnte fast _____ (4) Chinesisch und hat nur _____ (5) Schriftzeichen gekannt. Sie hat _____ (6) die Leute beobachtet. In der _____ (7) ist sie einfach allen _____ (8) nachgegangen und wirklich in _____ (9) Kantine gekommen.

Sie sagt, _____ (10) das eine gute Erfahrung war.

Man kann _____ (11) aber auch zu Hause ziemlich _____ (12) fühlen. Das hat Gudrun O. erlebt. Kolleginnen _____ (13) sie in die Oper mitgenommen. _____ (14) waren so vornehm gekleidet. Sie hat sich ziemlich _____ (15) gefühlt.

Silvia S. hat vor 20 _____ (16) ihren ersten Computer _____ (17). Ein Freund hat ihr _____ (18) Computer installiert und die _____ (19) Schritte gezeigt. „Lange Zeit _____ (20) ich nichts verstanden", lacht sie heute.

Ü 9
a) Was war das Problem? Unterstreichen Sie Stichworte.
b) Berichten Sie von einem Erlebnis.

Ich war zum ersten Mal in Deutschland, ich habe dort ein Praktikum gemacht. Ein deutscher Kollege hat mich nach Hause zum Kaffee eingeladen. Das habe ich nicht gekannt. Es gab eine große, dicke Torte. Seine Mutter hat mir ein Riesenstück auf den Teller gelegt, mit viel Sahne. Die Torte hat mir nicht geschmeckt, ich bin das nicht gewohnt. Aber ich habe nichts gesagt und die Torte so schnell wie möglich gegessen. Das war ein großer Fehler. Die Frau hat mir gleich noch einmal ein Stück auf den Teller gelegt. Das habe ich mir gut gemerkt: Ich esse jetzt ganz langsam, wenn mir etwas nicht schmeckt.

Ü 10
Ordnen Sie die Stichworte den Bildern zu. Schreiben Sie die Geschichte.

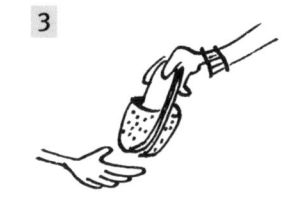

1   2   3   4

___ alle zehn Gäste – Hausschuhe – tragen

___ am Abend – zu ihrem Haus – fahren

___ klingeln – und – die Kollegin – die Tür – aufmachen

___ der Hund – keine Hausschuhe – anhaben

___ hinter der Türe – viele Schuhe – stehen

___ Schuhe ausziehen

___ sie – mir – ein Paar Hausschuhe – geben

_1_ eine Einladung – von einer Kollegin – bekommen

Ich habe vor ein paar Wochen eine Einladung von einer Kollegin bekommen.

Training

Nachfragen und reagieren

___ Karlsplatz, wie Karl. Da nehmen Sie die U4 oder die U5, eine Station bis zum Odeonsplatz.
_1_ Entschuldigung, wie komme ich zum Olympiazentrum?
___ Habe ich Sie richtig verstanden, mit der Linie 4 oder 5 eine Station?
___ Ja, ja, genau. Vielen Dank.
___ Ja, ganz genau. Und am Odeonsplatz fahren Sie weiter mit der U3, Richtung Olympiazentrum.
___ Olympiazentrum. Ich hab geglaubt, sie wollen zum Olympiazentrum. Oder nicht?
___ Wie bitte? In welche Richtung?
___ Wie heißt der Platz, Kal...?
___ Zum Olympiazentrum wollen Sie? Da nehmen Sie am besten die U-Bahn, da vorn am Karlsplatz.

Ü 11
a) Ordnen Sie den Dialog.

b) Hören Sie 2.10 A 10 Dialog 1 zur Kontrolle.

1. Auf der Party waren 82 Gäste.
2. Sie müssen morgen nicht arbeiten.
3. Am Montag ist die Schule geschlossen.
4. Ich habe jetzt genug gearbeitet.
5. Wir sind bis Barcelona durchgefahren.

A Was meinst du damit? Gehst du nach Hause?
B Habe ich das richtig verstanden? 280?
C Wie meinen Sie das? Habe ich frei?
D Wie bitte? Ihr habt gar nicht übernachtet?
E Verstehe ich Sie richtig? Kein Unterricht?

Ü 12
Ordnen Sie zu.

Gesten und Körpersprache

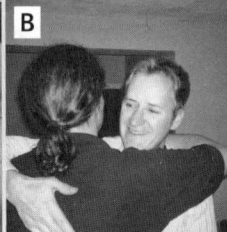

Ü 13
a) Was passt zu welchem Foto? Ordnen Sie zu.

b) Wie begrüßen sich Deutsche?
c) Was sagt man? Sammeln Sie.

1. In der Regel begrüßt man sich mit Handschlag. Zuerst begrüßt man die Frau, dann den Mann. Wenn sich Paare treffen, dann geben sich zuerst die beiden Frauen die Hand, dann die Frauen den Männern und dann erst die beiden Männer. Wenn Sie zu einer Gruppe dazu kommen, grüßen Sie einfach der Reihe nach.
2. Und wer küsst sich beim Begrüßen? Männer und Frauen, die sich kennen, geben sich einen Kuss auf die Wangen. Frauen grüßen Frauen oft mit einem Kuss.
3. Männer grüßen sich nur mit Kuss oder Umarmung, wenn sie sich sehr gut kennen.
4. Jugendliche haben eigene Regeln. Sie geben sich oft die Hand, aber nicht so wie die Erwachsenen.
5. Beim Abschied winken Kinder immer, Erwachsene oft auch.

Tipp:	**Gesten lernen**

Beobachten Sie: Wie begrüßen sich Deutsche/Österreicher/Schweizer in Filmen und im Fernsehen?
Beobachten Sie die Leute auf der Straße.
Wenn Sie unsicher sind, fragen Sie einen Freund oder Bekannten.

d) Ergänzen Sie den Tipp.

8 Wortschatz

Gefühle ausdrücken

Ü 14 Hören Sie A 14b. Notieren Sie Gegensatzpaare.

fröhlich ↔ _____   krank ↔ _____
lachen ↔ _____   ruhig ↔ _____
traurig ↔ _____   zufrieden ↔ _____

Ü 15 Schreiben Sie.

sich freuen • glücklich sein • zufrieden sein • sich ärgern • Angst haben
sich unzufrieden fühlen • traurig sein • weinen

Ich freue mich, wenn ich netten Besuch bekomme.
Ich war glücklich, als …

Ü 16 a) Was passt? Schreiben Sie.

- Hoffentlich geht alles gut!
- So ein Glück!
- Ich bin glücklich und zufrieden!
- So ein Mist!
- Das tut mir sehr Leid.

b) Spielen Sie Situationen.

1. Sie haben 5000 € gewonnen.
2. Es geht Ihnen gut, Sie genießen die Zeit und haben keine Wünsche.
3. Sie haben nächste Woche eine wichtige Prüfung.
4. Ein Freund sagt Ihnen, dass sein Vater sehr krank ist.
5. Sie ärgern sich, dass Sie Ihre Brieftasche mit allen Dokumenten verloren haben.

Ämter und Dokumente

Ü 17 Ordnen Sie zu.

1. Wie lange gilt das Visum?
2. Welche Dokumente brauche ich für ein Visum?
3. Wo bekomme ich eine Aufenthaltsgenehmigung?
4. Wie lange dauert es, bis ich die Genehmigung bekomme?
5. Wie lange ist die Aufenthaltsgenehmigung gültig?

A Meist dauert das drei Wochen.
B Die Genehmigung für Ihren Aufenthalt bekommen Sie bei der Ausländerbehörde.
C Die Genehmigung gilt ein Jahr.
D Sie brauchen einen Reisepass, der noch ein Jahr gültig ist.
E Das Visum ist 6 Wochen gültig.

Grammatik

Verben mit Präpositionen

1. Wir lachen oft
2. Sie interessiert sich
3. Er denkt oft
4. Wir träumen oft
5. Er wartet jeden Tag
6. Sie nehmen
7. Er spricht oft

A an einer Fortbildung teil.
B auf einen Brief von zu Hause.
C mit seinem Freund.
D über Martins Witze.
E für ein Praktikum.
F von unserem Urlaub.
G an seine Heimat.

Ü 18 Was passt zusammen?

auf • von • ~~über~~ • auf • für • über • an

Ü 19 Welche Präposition passt?

Ernesto berichtet _über_ (1) die Ausbildung in einer Autofabrik. Er nimmt _____ (2) einer Fortbildung in Deutschland teil. Er ist sehr gespannt _____ (3) die Menschen und das Leben in Deutschland.

Lilit wartet schon seit Wochen _____ (4) ihr Visum. Sie freut sich sehr _____ (5) die Stelle als Au-pair in Deutschland. Sie interessiert sich schon sehr lange _____ (6) Sprachen und sie hat schon immer _____ (7) einer Reise nach Deutschland geträumt.

Sport / interessieren
Urlaub / freuen
gutes Wetter / hoffen
viel Geld / träumen
erster Schultag / sich erinnern

Interessierst du dich für Sport?

Ja/Nein. ...

Ü 20 Fragen Sie den Partner / die Partnerin.

Wiederholung: Hauptsatz + Nebensatz

1. wenn – der Wecker – klingeln / ich – aufstehen
2. Er – anrufen – beim Arzt / weil – Termin – brauchen
3. Sie – nachfragen / wenn – etwas – nicht verstehen
4. Er – sich freuen / weil – er – mit einem Praktikum – anfangen

1. Wenn der Wecker ...

Ü 21 Schreiben Sie Sätze.

Satz: Nebensätze mit „wenn" und „als"

1. _____ er zum ersten mal in Thailand war, war er 31 Jahre alt. 2. _____ sie sieben Jahre alt war, wollte sie Malerin werden. 3. _____ er Geburtstag hat, feiert er mit vielen Freunden. 4. _____ sie nach Deutschland kam, hatte sie keine Freunde. 5. _____ ich früher in ein fremdes Land gefahren bin, war ich nervös. 6. _____ ich das Meer sehe, geht es mir gut.

Ü 22 Ergänzen Sie „wenn" oder „als".

Tipp:	Grammatik „sehen"
	Lernen Sie Grammatik mit Bildern.

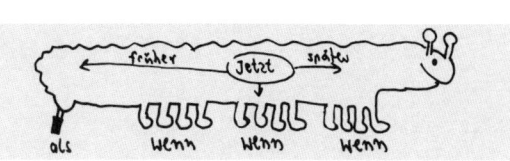

siebenundsechzig | 67

Grammatik

Ü 23 **Wie war das, als ...?**
Schreiben Sie 6 Sätze. ein Kind sein, die erste Reise machen, am Meer sein, ...

Als ich ein Kind war, war ich sehr neugierig.

Was machen Sie, wenn ...?
müde sein, eine Reise machen, eine Frage haben, ...

Wenn ich müde bin, lege ich mich 10 Minuten hin.

Satz: Nebensätze mit „bis" und „seit"

Ü 24 Ergänzen Sie „bis" oder „seit".

1. Wo warst du so lange? _Seit_ ich auf dich warte, habe ich 60 Seiten in meinem Buch gelesen. 2. Der Tag war wunderschön, _____ das Auto kaputt ging. 3. _____ wir das letzte Mal telefoniert haben, war ich nicht mehr im Kino. 4. Ich fahre gerne in die Schweiz, _____ ich das erste Mal dort war. 5. Ich arbeite als Verkäuferin, _____ ich ein Praktikum finde. 6. Ich habe mich oft unsicher gefühlt, _____ ich die Sprache konnte. 7. _____ ich die Sprache kann, fühle ich mich hier sehr wohl.

Wiederholung: Nebensätze mit Subjunktoren

Ü 25 Was passt zusammen?

1. Ich hoffe,
2. Ich fühle mich nicht mehr fremd,
3. Ich habe mich hier fremd gefühlt,
4. Ich fühle mich immer fremd,

A seit ich neue Freunde gefunden habe.
B weil ich noch keine neuen Freunde hatte.
C dass ich bald neue Freunde habe.
D wenn ich keine Freunde habe.

Ü 26 Ergänzen Sie.

~~als~~ • dass • weil • wenn • bis • seit

Als (1) ich vor drei Wochen mit der Arbeit angefangen habe, war ich sehr neugierig. Ich habe mich sehr über die Stelle gefreut, _____ (2) ich lange gesucht habe.

Wo warst du so lange? Immer _____ (3) wir uns treffen, kommst du zu spät!

Am Anfang habe ich gedacht, _____ (4) ich hier nicht wohnen will. Aber jetzt ist das anders.

_____ (5) ich meine Nachbarn kenne, wohne ich sehr gerne hier. Es hat lange gedauert,

_____ (6) wir uns das erste Mal unterhalten haben.

Rückschau

Über Gefühle sprechen

A

1. Ihr Partner / Ihre Partnerin ist ein guter Freund / eine gute Freundin von Ihnen. Sie erzählen, ...
- dass Sie nervös sind, weil Sie eine wichtige Prüfung vor sich haben.
- dass Sie krank sind und nicht zu seinem/ihrem Fest kommen können.
- dass Sie Ihre Dokumente verloren haben, aber zum Glück hat sie jemand gefunden.
- dass Sie ganz plötzlich ein paar Tage Urlaub bekommen haben.
2. Ihr Partner / Ihre Partnerin erzählt Ihnen etwas. Beruhigen oder trösten Sie ihn/sie bzw. freuen Sie sich mit ihm/ihr.

B

1. Ihr Partner / Ihre Partnerin ist ein guter Freund / eine gute Freundin von Ihnen. Er/Sie erzählt. Beruhigen oder trösten Sie ihn bzw. freuen Sie sich mit ihm/ihr.
2. Sie erzählen Ihrem Partner / Ihrer Partnerin, ...
- dass Sie sich ärgern, weil Ihr Computer kaputt ist.
- dass Sie so unglücklich sind, weil Ihr Vater sehr krank geworden ist.
- dass Sie ganz allein eine Reise durch Südafrika machen, zwei Monate lang.
- dass Sie einen ganz tollen Menschen kennen gelernt und sich verliebt haben.

R 1
a) Spielen Sie.
b) Bewerten Sie:
++, +, –, – –.

Über persönliche Erfahrungen berichten

Frau Danute Fridrikas aus Litauen hat eine Fortbildung in München besucht. Sie arbeitet in einer Firma in Vilnius, die mit einer deutschen Firma zusammenarbeitet. Frau Fridrikas sagt, dass sie eine gute Zeit in München hatte. „Der Kurs war anstrengend, aber ich habe viel gelernt. Und die Kolleginnen waren sehr nett. Leider habe ich in München meine Dokumente und meinen Pass verloren und ich musste zur Botschaft nach Berlin fahren. Am besten hat mir die Arbeit in der Firma gefallen, das war besser als der theoretische Kurs", sagt Frau Fridrikas. Und wenn sie jetzt in Litauen mit der deutschen Firma telefoniert und E-Mails schickt, weiß sie, wer die Partner sind. Die Namen haben ein Gesicht bekommen.

1. Warum war Frau Fridrikas in München?
2. Wo arbeitet Frau Fridrikas?
3. Was sagt sie über ihre Zeit in München?
4. Was ist Frau Fridrikas in München passiert?
5. Warum ist sie nach Berlin gefahren?
6. Was hat ihr am besten gefallen?

R 2
a) Lesen Sie.

b) Antworten Sie.

Das kann ich

		++	+	–	– –
hören	Ich kann Aussagen über Pläne und Erfahrungen verstehen.				
lesen	Ich kann einen Bericht über Erfahrungen verstehen.				
	Ich kann einfache Ratschläge verstehen.				
schreiben	Ich kann Gründe für eine Reise beschreiben.				
	Ich kann über Erfahrungen in anderen Ländern berichten.				
sprechen	Ich kann über Pläne, Gefühle und Erfahrungen sprechen.				
	Ich kann einfache Ratschläge geben.				
Wortschatz	Ich kann Wörter zum Thema „Gefühle".				
	Ich kann Wörter zum Thema „Ämter und Dokumente".				
Aussprache	Ich kann ö-Laute unterscheiden und sprechen.				
	Ich kann Komposita und Wörter mit Vorsilben sprechen.				
Grammatik	Ich kann Verben mit Präpositionen benutzen.				
	Ich kann Nebensätze mit *wenn* und *als* unterscheiden.				
	Ich kann Nebensätze mit *bis* und *seit* unterscheiden.				

R 3
a) Kreuzen Sie an.
b) Fragen Sie den Lehrer / die Lehrerin.

9 Medien im Alltag

Bürokommunikation

Ü 1
Hören Sie A 1.
Ordnen Sie die Sätze.

A _1_ Ein Radiowecker schaltet sich ein. Man hört den Wetterbericht.
B ___ Ein Handy klingelt. Frau Fischer verabredet sich mit ihrer Freundin Monika.
C ___ Jemand schaltet den Computer ein und schreibt.
D ___ Jemand legt eine Musik-CD in den CD-Player. Dann hört man Musik.
E ___ Ein Handy piepst. Jemand liest die SMS und tippt dann eine Antwort.
F ___ Jemand tippt auf einem Faxgerät eine Nummer und schickt ein Fax weg.
G ___ Jemand macht den Drucker an und druckt eine Datei aus.
H ___ Man hört einen Fernseher. Die Nachrichten haben gerade angefangen.

Ü 2
Wie lesen Sie Ihre E-Mails? Ordnen und schreiben Sie.

1. lesen / die E-Mails / ich / und / sofort / die wichtigsten / beantworten
2. tippen / ich / das / Passwort / , / damit / können / ich / ins Netz / gehen
3. ich / die Mailbox / anklicken / , / herunterladen / können / ich / die E-Mails
4. müssen / ich / den Computer / starten

Ü 3
Was ist falsch? Hören Sie A 3 und korrigieren Sie.

	Wer	Wann	Wo	Was
1.	Herr Müller (Chef)	Termin ist um 10, nicht um 11 Uhr	im Konferenzraum	muss den Termin verschieben
2.	Sieglinde Bock	von 12.00 bis 12.30	im Büro von Frau Bock	möchte über das Angebot sprechen
3.	Stefan Weber	zwischen 12 und 14 Uhr	Berliner Platz 2 4. Stock	möchte die Fotos zeigen

Ü 4
Hören Sie A 4.
Richtig oder falsch? Kreuzen Sie an.

R F
1. Frau Bock ruft Frau Fischer an. ☐ ☐
2. Es geht um den Termin. ☐ ☐
3. Frau Bock möchte Frau Fischer um 12 Uhr sehen. ☐ ☐
4. Frau Fischer hat am Vormittag keine Zeit. ☐ ☐
5. Frau Fischer und Frau Bock treffen sich um zwei Uhr. ☐ ☐

9

Ü 5
Lesen Sie A 5a.
Was steht im Text?
Korrigieren Sie.

1. Dein Handy ist eingeschaltet. _____
2. Und da ist die Kamera aus. _____
3. Wir sollen um acht im Theater sein. _____
4. Ich schreibe ihm schnell eine E-Mail. _____
5. Weinen! Klick – und fertig. _____
6. Hast du ein Handy mit Fernseher? _____

Ü 6
Hören Sie A 5b und ergänzen Sie.

● Hast du ein Handy mit Kamera? Wie _____ (1) das?
○ Es geht ganz einfach: Handy _____ (2) und dann machst du ein Foto, wie mit einem normalen Fotoapparat. Das Foto schickst du als „MMS" an den _____ (3).
● Wie bitte? Was ist eine „MMS"? Ich _____ (4) nur eine „SMS" ...
○ Eine SMS ist eine schriftliche Nachricht und eine MMS ist eine _____ (5) -Nachricht. MM ist die _____ (6) für Multi-Media.
● Kannst du mir das Foto auch _____ (7)?
○ Hast du ein _____ (8)?
● Nein ...
○ Dann _____ (9) ich dir heute Abend einen Ausdruck _____ (10).

Ü 7
Ergänzen Sie die Verben.

legen • starten • öffnen • verbinden • (aus)drucken • speichern

1. Zuerst _____ du das Handy und den Computer mit dem USB-Kabel.
2. Dann musst du das Handy-Foto als Datei auf dem Computer _____ .
3. Du klickst die Datei an und _____ sie.
4. Dann musst du das Programm „Drucken" _____ .
5. Und dann _____ du noch Fotopapier in den Drucker.
6. Jetzt kannst du das Foto mit dem Drucker schön farbig _____ .

einundsiebzig | 71

„Benimm-Regeln" für das Handy

Ü 8
Lesen Sie A 8.
Ordnen Sie zu.

1. Der ADAC
2. Damian aus Berlin
3. Sonja aus Köln
4. Susi aus Bregenz
5. Franz aus Hamburg
6. Sven aus Kiel

A ist damit einverstanden, dass man das Handy ausschalten soll, wenn man z.B. im Zug sitzt.

B empfiehlt den Autofahrern, dass sie am Steuer nicht telefonieren sollen, weil es viel zu gefährlich ist.

C möchte keinen Anruf verpassen. Sie legt daher ihr Handy im Restaurant auf den Tisch.

D geht aus dem Zimmer, wenn sie telefonieren möchte oder merkt, dass sie andere Leute mit ihrem Handy stört.

E findet es nicht gut, wenn Leute in öffentlichen Verkehrsmitteln telefonieren. Sie sollen zuerst aussteigen.

F findet es total blöd, wenn Leute in Kirchen oder Museen telefonieren. Er findet, dass die Leute rausgehen sollen.

Ü 9
Was denken Sie?

Wenn die Leute im Zug sitzen, dann sollen sie …
Wenn jemand telefonieren möchte, dann …
…

Ü 10
a) Lesen Sie. Wie oft klingelt das Handy? Warum?

b) Was denkt die Frau über Handys?

Mein Handy klingelt

Ich habe mit Heinz telefoniert und einen Termin ausgemacht: in meinem Café. …
Kaum sitze ich in meinem Café und schlage mein Buch auf, läutet das Handy. Es ist Heinz. „Tut mir Leid, ich bin gerade erst von der Arbeit gekommen und muss mich noch frisch machen. Es wird etwas später."
Nichts Neues. Ich erkläre, dass ich auf jeden Fall im Café warte, weil ich ja eh schon da bin. Wir legen auf, ich bestelle mir einen Cappuccino und schlage mein Buch auf.
Eine halbe Stunde später klingelt es wieder. Es ist Heinz. „Ich fahre jetzt los, nur damit du Bescheid weißt."
„Ja, ist okay, ich bin ja hier", sage ich und drücke die „Auflegen"-Taste. Zu schnell. Sekunden später klingelt es wieder.
„Bist du mir böse?", fragt Heinz.
Ich beruhige ihn und lasse mir dieses Mal Zeit beim Auflegen.

Nach einer Viertelstunde (ich bin beim dritten Cappuccino) klingelt es erneut. Mein „Hallo" klingt schon etwas genervt.
„Ich finde keinen Parkplatz, es wird noch ein paar Minuten dauern", sagt Heinz.
„Ist okay", sage ich. Nach dem letzten Klingeln („Ich habe jetzt einen Parkplatz und bin in fünf Minuten da!") habe ich das Handy abgestellt, mein Buch eingepackt, den Cappuccino bezahlt und das Café verlassen. Von Heinz habe ich nichts mehr gehört, aber ich habe die 27 Mailboxansagen auch noch nicht abgehört.

Verstehen Sie jetzt, was ich meine? Handys komplizieren das Leben und zerstören Freundschaften. Sie rauben einem die Zeit zum Lesen, Nachdenken, Weiterbilden und zerstören die innere Ruhe. Man ist immer erreichbar, störbar, im Urlaub, im Bett, in der Badewanne, auf dem Klo …

nach Andrea Kalmer: Mein Handy klingelt

Ü 11
Was denken Sie über Handys?

Ich finde auch, dass …
Ich finde es gut, dass …
Ich finde nicht, …

72 | zweiundsiebzig

Training

Wichtige Wörter markieren – Thema finden

Winter   *Süden*
1. Sommer – Wetter – Temperaturen – Grad – Norden – Sonne – Regenschauer

2. Straßen – Verkehr – Flughafen – 6 Kilometer Stau – Polizei – Umleitung

3. Deutsche Post – überfallen – 250 000 Euro – Polizei – Täterbeschreibung

4. Biathlon – Goldmedaille – Team – Trainer – 10 Minuten – Start – Siegeschancen

5. Menschen – Gewerkschaften – Sparpolitik – Rot-Schwarz – Regierung – Arbeiter

6. Kulturspiegel – Theater – Beginn 20 Uhr 15 – Musiker – faszinierende Mischung

A __ Wetterbericht   B __ Mitteilung von der Polizei   C __ Sportmeldung
D __ Konzertansage   E __ Straßenzustand   F __ Politische Nachricht

Ü 12 (2.34)
a) Hören Sie A 10b. Markieren Sie die Fehler und korrigieren Sie.

b) Welcher Titel passt zu welcher Wortkette?

Termine finden

1. Kannst du morgen Abend? 2. Am Abend habe ich leider keine Zeit. 3. Geht es bei dir morgen? 4. Ja, das geht gut. 5. Okay, morgen Abend kann ich. 6. Nein, tut mir Leid, da bin ich weg. 7. Treffen wir uns morgen Abend? 8. Nein, morgen kann ich leider nicht. 9. Ja, das passt mir gut. 10. Nein, morgen geht es leider nicht. 11. Ja, das passt gut. 12. Hast du morgen Abend Zeit?

Ü 13 Sortieren Sie die Sätze.

Einen Termin vorschlagen	**Zusagen**	**Absagen**
1. Kannst du morgen Abend?	2. Ja, das geht gut.	

1. Am Montagmorgen, geht das?
2. Sehen wir uns am Dienstagnachmittag?
3. Am Mittwoch, am Mittag zum Essen?
4. Treffen wir uns am Donnerstag? Für mich passt der Nachmittag.
5. Sehen wir uns am Freitagnachmittag?
6. Kannst du am Wochenende? Zum Beispiel am Samstagabend?

Montag	Konferenz 8 – 18 Uhr
Dienstag	Besprechung mit Frank 9 – 19 Uhr
Mittwoch	Tennis 13 – 15 Uhr
Donnerstag	frei
Freitag	14 – 17 Uhr Besprechung mit Beate
Am Wochenende	19 Uhr Essen bei Sonja

Ü 14
a) Notieren Sie „Ihre" Antworten.
b) Spielen Sie. A liest die Fragen. B antwortet.

1. Am Montagmorgen? Tut mir Leid, aber …

9 Wortschatz

Medien

Ü 15
a) Was ist das? Raten Sie.

1. Man kann damit den Pfeil auf dem Bildschirm bewegen und steuern.

   die Maus

2. Man bezahlt sie manchmal teuer, wenn man ins Theater oder ins Konzert geht.

b) Schreiben Sie eigene Rätsel.

3. Auf diesem kleinen runden Ding kann man Daten, Filme oder Fotos speichern.

4. Man schaltet ihn ein, wenn man weggeht, und hört ihn später ab.

5. Man braucht sie, wenn man einen Text auf dem Computer schreiben will.

6. Nach dem Radio kamen die ersten Geräte mit Bild, zuerst schwarz–weiß, dann farbig.

Ü 16
a) Notieren Sie den Artikel.

_____ CD-Player   _____ Radio   _____ DVD-Player   _____ Fernseher   _____ Handy
_____ Computer   _____ Drucker   _____ Fotoapparat   _____ Kamera

b) Schreiben Sie.

Ich möchte mir gern … kaufen, damit ich …
Ich arbeite gern mit …, weil …

Bürokommunikation früher und heute

Ü 17 (2.40)
Hören Sie A 14. Ergänzen Sie die Verben im Infinitiv.

Früher

zum Briefkasten _____ ➡ die Post _____
➡ die Briefe öffnen und _____ ➡ einige Briefe _____
➡ die Adresse und das Datum _____ ➡ die Antwort _____
➡ in einen Umschlag _____ ➡ zur Post _____
➡ manche Briefe _____ ➡ in einen Aktenordner _____

Heute

den Computer _____ ➡ die Mailbox _____
➡ die Emails _____ ➡ auf „Antwort" _____
➡ eine kurze Nachricht schreiben und _____.
➡ manche Emails _____ ➡ in einer Datei _____

Tipp:	Wörter und Ausdrücke lernen
	Memorieren Sie Wörter und Ausdrücke als Handlungsabläufe. Notieren Sie sie auf einem Zettel, z.B.: ich bekomme einen Brief – ich öffne den Brief – …

Grammatik

Hauptsatz + Hauptsatz mit „deshalb"

1. Ines Fischer will ihre E-Mails lesen. Sie schaltet den Computer an.
   Ines Fischer will ihre E-Mails lesen, deshalb schaltet sie den Computer an.
2. Drei E-Mails sind auch für den Chef wichtig. Sie druckt die E-Mails aus.
3. Sie hat um 12 Uhr eine Besprechung. Sie geht um 11 Uhr in die Kantine.
4. Gleich beginnt die Besprechung. Sie schaltet ihr Handy aus.
5. Im Konferenzraum ist es sehr warm. Ines macht alle Fenster auf.

1. Ines Fischer schaltet den Computer an, weil sie ihre E-Mails lesen will.

Ü 18
a) Verbinden Sie die Sätze mit „deshalb".

b) Verbinden Sie die Sätze mit „weil".

Satz: Nebensatz mit „damit"

1. Ines schaltet den Computer ein. Sie kann die E-Mails lesen.
2. Sie druckt drei E-Mails aus. Ihr Chef kann die E-Mails lesen.
3. Sie hat sich ein neues Handy gekauft. Sie kann auch Fotos mit dem Handy machen.
4. Ines und Monika schicken ein Foto an Roland. Er hat was zu lachen.
5. Ines verbindet das Handy mit dem Computer. Sie kann das Foto ausdrucken.

1. Ines schaltet den Computer ein, damit sie die E-Mails lesen kann.

Ü 19
Verbinden Sie die Sätze mit „damit".

Ü 20
a) Wozu brauchen Sie ...?

Ich brauche ein Handy, damit ich immer telefonieren kann.

Wozu brauchst du ein Handy?

Ich brauche ein Handy, damit ich SMS schreiben kann.

b) Fragen Sie den Partner / die Partnerin.

Grammatik

Verwendung von „es"

Ü 21 Schreiben Sie Sätze.

Es regnet. _____ _____ _____

Ü 22 Ergänzen Sie.

1. Telefonieren Sie nicht beim Autofahren, _es ist gefährlich_ (gefährlich).
2. Heute ist das Schwimmbad geschlossen, weil _____ (regnen).
3. Peter kommt heute nicht, weil _____ (ihm / nicht gut / gehen).
4. Geh bitte ans Telefon, _____ (klingeln).
5. Um 18 Uhr kann ich nicht. _____ (um 16 Uhr / gehen)?

Modalverb „sollen"

Ü 23 Ergänzen Sie „sollen".

1. Die Leute _sollen_ im Bus nicht telefonieren. 2. Alle sagen, ich _____ mein Handy ausmachen. 3. Peter _____ mich bitte anrufen. 4. Der Chef hat gesagt, wir _____ alle zur Besprechung kommen. 5. Ines hat gesagt, du _____ auf sie warten, sie kommt gleich. 6. Der Chef hat gesagt, Sie _____ zum Eingang kommen. 7. Maria hat angerufen, sie hat gesagt, ihr _____ nicht auf sie warten. Sie kann nicht mitkommen.

Ü 24 Schreiben Sie Sätze mit „sollen".

Hallo, ihr zwei, seid um vier im Schwimmbad. Seid pünktlich und bringt gute Laune mit. Und kauft was zu essen ;-) Roland

Roland schreibt, wir sollen um .... _____
_____
_____
_____

Ü 25 Spielen Sie.

Wach auf!
Ruf mich an!

Wach auf!

Was sagt er?

Er sagt, du sollst aufwachen. / Er hat gesagt, du sollst aufwachen.

76 | sechsundsiebzig

Rückschau

Termine finden

- Sie möchten am Abend mit dem Partner / der Partnerin ins Theater.
- Sie möchten morgens mit dem Partner / der Partnerin joggen.
- Sie möchten am Wochenende einen Tag in den Bergen wandern.

Mo	9.00 – 18.00 Sitzung Media AG
Di	9.00 – 12.00 Sitzung, 19.30 Essen Petra
Mi	14.00 – 17.00 Technodata
Do	12.00 – 13.00 Petra, 20.00 Kino
Fr	8.00 – 11.00 Konferenz
Sa	–
So	16.00 Fußball

B

- Sie möchten am Abend mit dem Partner / der Partnerin ins Konzert.
- Sie möchten am Vormittag mit dem Partner / der Partnerin Tennis spielen.
- Sie möchten am Wochenende Freunde zu einer Grillparty einladen.

Mo	–
Di	12.00 – 20.00 Frankfurt
Mi	14.00 – 18.00 Täuscher Design
Do	8.00 – 11.00 Chef, Besprechung
Fr	10.00 – 12.00 Firmenfeier
Sa	–
So	20.00 Essen Paul

R 1
a) Spielen Sie. Wann haben Sie Zeit? Zuerst fragt A, dann B.
b) Bewerten Sie:
++, +, –, – –.

Medien benutzen

1. Sehen Sie oft fern? Was sehen Sie gern? Wann?
2. Arbeiten Sie gern mit dem Computer? Wie oft? Warum (nicht)?

R 2
a) Antworten Sie.
b) Bewerten Sie:
++, +, –, – –.

A Ihr Partner / Ihre Partnerin sitzt vor Ihrem Computer und möchte eine Datei ausdrucken. Erklären Sie Schritt für Schritt.

B Ihr Partner / Ihre Partnerin steht vor Ihrer Kaffeemaschine und möchte einen Kaffee machen. Helfen Sie.

R 3
a) Was sagen Sie? Machen Sie Notizen und helfen Sie.
b) Bewerten Sie:
++, +, –, – –.

Das kann ich

		++	+	–	– –
hören	Ich kann einfache Anleitungen für Geräte verstehen.				
	Ich kann in Nachrichtentexten das Thema erkennen.				
lesen	Ich kann einfache Anleitungen für Geräte verstehen.				
	Ich kann eine kurze Geschichte verstehen.				
sprechen	Ich kann Termine aushandeln.				
	Ich kann über meine Mediennutzung Auskunft geben.				
	Ich kann die Funktion von einfachen Geräten beschreiben.				
schreiben	Ich kann einfache Funktionen von Geräten beschreiben.				
Wortschatz	Ich kann Wörter zum Thema „Medien" und „Büro".				
Aussprache	Ich kann ü-Laute sprechen.				
	Ich kann Silben verbinden.				
Grammatik	Ich kann Hauptsätze mit *deshalb* verbinden.				
	Ich kann Nebensätze mit *damit* benutzen.				
	Ich kann *es* in verschiedenen Ausdrücken benutzen.				
	Ich kann das Modalverb *sollen* benutzen.				

R 4
a) Kreuzen Sie an.
b) Fragen Sie den Lehrer / die Lehrerin.

siebenundsiebzig | 77

10 Heimat

Was ist Heimat?

Ü 1 Lesen Sie A 1. Was gehört zusammen?

1. Josef Greiner
2. Sabrina Graf
3. Rosanna Rossi
4. George W. Adoube

A besucht die Eltern und fühlt sich wie in der zweiten Heimat.
B hat immer ein Stück aus der Kindheit bei sich.
C hat Heimweh, aber zwei Dinge helfen dagegen.
D wohnt schon lange am gleichen Ort.
E findet, dass das Lieblingsessen zu Heimat gehört.
F sagt, dass vor allem die Familie fehlt.
G fühlt sich zu Hause, wenn es Internet gibt.
H findet, dass die Wohnung ein Stück Heimat ist.

Ü 2 (2.49) Hören Sie A 1b. Richtig oder falsch? Kreuzen Sie an.

	R	F
1. Josef Greiner lebt lieber in seinem Dorf als in einer Stadt.	☐	☐
2. Bei „Heimat" denkt Herr Greiner zuerst an sein Land, sein Vaterland.	☐	☐
3. Sabrina Graf arbeitet für eine Berliner Firma in London.	☐	☐
4. Frau Graf hat schon als Kind in einer Großstadt gelebt.	☐	☐
5. Rosanna Rossi ist mit ihren Eltern nach Deutschland gekommen.	☐	☐
6. Frau Rossi besucht ihre Eltern in ihrer Heimat Neapel.	☐	☐
7. George W. Adoube hat einen guten Trainer, aber keine netten Kollegen.	☐	☐
8. Herr Adoube fühlt sich in Deutschland manchmal allein.	☐	☐

Ü 3
a) Wozu gehört das? Notieren Sie.

die schöne Landschaft • die eigene Wohnung • das Vaterland
der Dialekt • die eigene Sprache • richtige Volksmusik
wirkliche Heimatlieder • der Lärm von Großstädten • ein Brief
das Internet • der alte Teddybär • das Lieblingsgericht
ein Geschenk • ein Telefongespräch • ein Rezept von der Mutter

Auge	Ohr	Nase	Mund	???
die schöne Landschaft				

b) Und Sie? Ergänzen Sie.

1. Wenn ich _____ sehe, denke ich an zu Hause.
2. Ich fühle mich wie zu Hause, wenn ich _____ höre.
3. Wenn es nach _____ riecht, denke ich an meine Kindheit.
4. _____ schmeckt nirgendwo so wie zu Hause.
5. Typisch für meine Heimat ist, dass ich _____ sehe.

78 | achtundsiebzig

10

Ü 4
Hören Sie A 4.
Kreuzen Sie an:
a, b oder c.

0 Was gehört für Herrn Greiner zu „Heimat"?
- [a] Popmusik.
- [b] Klassische Musik.
- [X] Volksmusik.

1 Was mag Herr Greiner?
- [a] ✓ Die Lieder aus seiner Heimat.
- [b] Die Volksmusik im Fernsehen.
- [c] Jede Musik.

2 Was hat Frau Graf immer bei sich?
- [a] ✓ Ein Geschenk von ihren Eltern.
- [b] Ein Bild von ihren Eltern.
- [c] Ihre Lieblingsmusik.

3 Was isst Frau Rossi am liebsten?
- [a] Italienische Nachspeisen.
- [b] ✓ „Spaghetti Napoli" von ihrer Mutter.
- [c] Frischen Fisch.

4 Was macht Herr Adoube, wenn er traurig ist?
- [a] Er geht in ein Café.
- [b] Er trifft seine Kollegen.
- [c] ✓ Er ruft zu Hause an.

5 Von wem hat Herr Adoube sein Auto?
- [a] Von seinen Eltern.
- [b] Von seinen Kollegen.
- [c] ✓ Von seinen Kindern.

Ü 5 Hausaufgabe
Ergänzen Sie.

1. Heimat ist für mich _meines Land, und Familie und Freunde_.
2. Für mich bedeutet Heimat, dass ~~man glücklich ist~~.
3. Für mich gehört zu Heimat _____.
4. Früher war Heimat für mich _meine Familie_.
5. Ich habe Heimweh, wenn _ich in Ausland bin und die Leute sind nicht freundlich_.

Tipp: Wozu brauchen Sie Gegenstände? Warum sind Dinge für Sie wichtig?

Merken Sie sich Wörter und Wendungen mit Ihren eigenen Verwendungen, z.B.:

Ich **brauche** das Internet, **damit ich** online arbeiten kann.

Ü 6
a) Wozu brauchen Sie das? Wählen und ergänzen Sie.

1. ein Buch — _lesen ich habe ein Buch um zu lesen._
2. ein Handy — _ich brauche meiner Handy damit ich ~~telefonieren~~ meine Freunde kann._
3. ein Kochbuch — _____
4. Medikamente — _um kein Heimweh zu bekommen_
5. ein Laptop — _damit ich in Internet surfen kann_
6. die Kreditkarte — _____
7. Werkzeug — _____
8. ein Fotoapparat — _____
9. … — _____

meine Freunde anrufen • im Internet surfen • lesen
Tagebuch schreiben
eine Sprache lernen
E-Mails senden und empfangen
Fotos machen • etwas bauen
den Freunden Fotos schicken
meine Lieblingsmusik hören
mit meiner Familie telefonieren
gesund bleiben
kein Heimweh bekommen

b) Schreiben Sie fünf Sätze. Vergleichen Sie.

Am wichtigsten ist für mich der Laptop, damit ich E-Mails senden und empfangen kann. Ich nehme … mit, weil …

neunundsiebzig | 79

10

Deutschland? Österreich? Schweiz? Ein Quiz

Ü 7
Hören Sie A 6.
Welche Vermutung passt?
Nummerieren Sie.

A _4_ Das ist wahrscheinlich vor einem Fußballspiel, die Schweizer Nationalmannschaft spielt.
B ___ Ich glaube, das ist an einer Imbissbude in Bochum.
C ___ Wahrscheinlich macht der deutsche Präsident einen Staatsbesuch.
D ___ Vielleicht hat eine Schweizer Familie Besuch und kocht eine Schweizer Spezialität.
E ___ Ich glaube, das sind Zuschauer bei einem Skirennen.
F ___ Vielleicht ist das am österreichischen Nationalfeiertag, im Parlament.

Ü 8
a) Was gehört zusammen?
Nummerieren Sie.

1. Das ist das Brandenburger Tor, ein nationales Symbol.
2. Das ist ein Skifahrer in den Alpen.
3. Dieser Berg heißt Matterhorn.
4. Der Komponist Wolfgang Amadeus Mozart hat von 1756 – 1791 gelebt.
5. Meistens spricht man von beiden, von Goethe und Schiller.
6. Diese Speise hat die Schweizer Hauptstadt im Namen.
7. Er ist das Symbol für die Freiheit in der Schweiz: Wilhelm Tell.
8. Das ist ein Mercedes, und der gehört zu Deutschland.
9. Im Wiener Kaffeehaus bekommt man immer ein Glas Wasser zum Kaffee.

A Das Matterhorn ist sehr bekannt. Toblerone-Schokolade sieht auch so aus.
B Es gibt viele verschiedene Kaffeesorten.
C Das weiß ich, denn dieses Tor ist auf den deutschen Euro-Münzen drauf.
D Die Autoindustrie ist wichtig für die deutsche Wirtschaft.
E In Österreich ist Skifahren sehr wichtig.
F Man sagt, dass er seinem Sohn einen Apfel vom Kopf geschossen hat.
G „Rock me, Amadeus" hat der Pop-Star Falco über ihn gesungen.
H Viele deutsche Schüler lesen in der Schule etwas von den beiden Dichtern.
I Berner Rösti sind in der Schweiz eine nationale Spezialität.

b) Welcher Text von Ü 8a passt dazu? Nummerieren Sie.

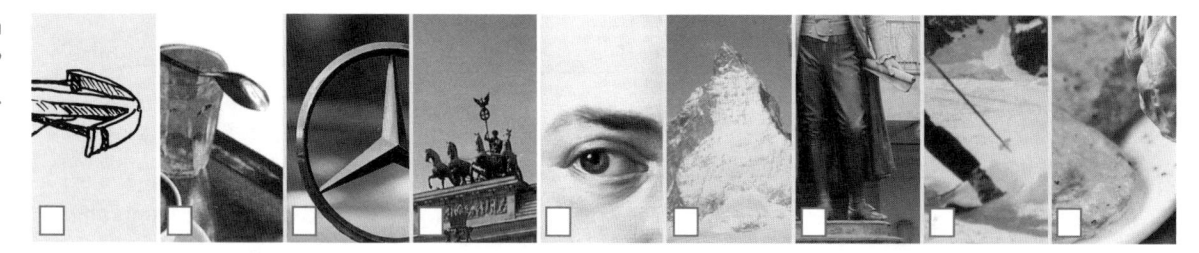

Ü 9
Hören Sie A 7b.
Was ist falsch?
Unterstreichen Sie.

1. Es ist das größte Gebäude in Berlin. Das Tor ist ganz in der Nähe vom Reichstag. Es ist auch auf Briefmarken.
2. Zuerst kocht man Kartoffeln und Emmentaler Käse, dann mischen, mit Salz und Pfeffer würzen und in einer Pfanne braun braten. Guten Appetit!
3. Er war ein berühmter Musiker und es gibt auch etwas aus Schokolade, das seinen Namen hat. Seine „Gute-Nacht"-Musik kennt jeder.
4. Die beiden Schweizer Schriftsteller haben Gedichte und Theaterstücke geschrieben, der eine von ihnen auch Romane. Das Denkmal steht in Weimar.
5. Er ist 3500 Meter hoch und steht im Wallis. Das ist ein Kanton in der Schweiz. Manche sagen, der Berg sieht aus wie Toblerone-Schokolade.
6. Ich wohne in Wien und bin jeden Freitag dort. Es ist fast mein Zuhause. Da kenne ich alle und alle kennen mich. Und der Ober ist immer so höflich.

Training

Lesen testen

Sie sind auf einer Urlaubsreise in Kärnten.

0 Sie interessieren sich für die Natur und möchten viele Blumen sehen.
[x] Nationalpark Hohe Tauern
[b] Eine Reise in die Vergangenheit
[c] ein anderes Programm

1 Sie möchten sehen, wie man früher gearbeitet hat.
[a] Wasser ist Energie
[b] Leben auf dem Bauernhof
[c] ein anderes Programm

2 Sie essen gern Fisch.
[a] Wasser ist Energie
[b] Eine Reise in die Vergangenheit
[c] ein anderes Programm

3 Sie lieben die Figuren in alten Märchen und Geschichten.
[a] Eine Reise in die Vergangenheit
[b] Stadttheater Klagenfurt
[c] ein anderes Programm

4 Sie wollen sehen, wie man früher Mehl gemacht hat.
[a] Leben auf dem Bauernhof
[b] Wasser ist Energie
[c] ein anderes Programm

5 Sie interessieren sich für moderne Technik.
[a] Stadttheater Klagenfurt
[b] Leben auf dem Bauernhof
[c] ein anderes Programm

Ü 10 Lesen Sie die Aufgaben 1–5 und dann die Informationen. Welches Programm passt? Kreuzen Sie an: a, b oder c.

Urlaub in Kärnten – Unsere Angebote

Nationalpark Hohe Tauern
Wanderung am Wasser: Wir fahren bis zum Kölbrein-See und folgen zu Fuß ein paar Kilometer dem Fluss Malta. Das Wasser hat in vielen tausend Jahren ein tiefes Tal in den Fels geschnitten und alle möglichen Formen aus Stein geschaffen. Am Wasser gibt es auch viele seltene Pflanzen und Blumen. Unsere Führerin kennt alle.

Wasser ist Energie
Wir brauchen Strom, immer mehr Strom. Im Malta-Kraftwerk sehen Sie, wie mit Wasser Strom erzeugt wird. Das Wasser ist die wichtigste Energiequelle für unser Land, nicht nur heute, auch früher schon. Alte Werkstätten am Fluss haben mit der Energie des Wassers gearbeitet. Wir besuchen das Gasthaus „Alte Mühle" und sehen, wie mit Wasserkraft aus dem Getreide Mehl wird.

Leben auf dem Bauernhof
Wir besuchen den „Hatzhof", einen traditionellen Bauernhof mit vielen Tieren (Kühe, Pferde, Schafe, Schweine, Hühner). Die Bäuerin backt mit uns Brot. Und dann gibt es eine richtige Bauernjause: Brot, Wurst, Speck, Butter und Käse, gewürzt mit Kräutern aus dem Garten. Alle Produkte kommen direkt vom Hof. Am Abend erzählt die Bäuerin in der Stube alte Geschichten. Riesen, Hexen und andere Figuren werden dabei lebendig.

Eine Reise in die Vergangenheit
See und Schiff – das gehört zusammen wie Natur und Kultur. Über den wunderschönen Wörthersee fahren wir nach Maria Wörth. Dort genießen wir zuerst, was der See uns anbietet, im Fischrestaurant „Zur Goldenen Forelle". Von da geht es durch Wälder und Felder zum Magdalensberg. Dort reisen wir 2000 Jahre zurück in die Vergangenheit und besichtigen die Ruinen aus der Römerzeit. Und wir begegnen der berühmten Figur des „Jünglings vom Magdalensberg".

Stadttheater Klagenfurt
Wenn Sie Lust auf Kultur haben, dann besuchen Sie das Stadttheater in Klagenfurt. Wir sehen den Schauspielern bei der Probe zu und gehen in die Werkstätten: Hier entstehen die Bühnenbilder und Kostüme. Wollten Sie schon mal eine berühmte Figur sein? Unsere Maskenbildnerinnen machen in einer halben Stunde aus Ihnen Romeo oder Julia, Othello oder Desdemona.

10 Wortschatz

Heimat

Ü 11
Welches Wort passt? Notieren Sie.

der Ort • das Heimweh • wohl fühlen • die Familie
die Freunde • Kontakt • das Zuhause • ~~aufwachsen~~

Ich bin in Leipzig _aufgewachsen_ (1). Ich habe viel gespielt, mit meinen Geschwistern und meinen _Freunde_ (2). Ich liebe diesen _Ort_ (3), weil ich dort eine glückliche Zeit hatte. Als ich 14 Jahre alt war, ist die ganze _____ (4) nach Düsseldorf gezogen. Ich habe mich überhaupt nicht _wohl gefühlen_ (5) und hatte schreckliches _Heimweh_ (6). Bald hatte ich auch Probleme in der neuen Schule. Einige Mitschüler und auch die Lehrer haben über mich gelacht. Langsam habe ich wieder _Kontakt_ (7) gefunden. Erst nach einigen Jahren ist Düsseldorf mein neues _Zuhause_ (8) geworden.

Wohnen

Ü 12 (2.56)
Hören Sie A 12.
A, B oder C?
Ordnen Sie zu.

1. _A_ Die Wohnung ist hell und freundlich.
2. __ Die Wohnung liegt im Zentrum, sie ist aber nicht laut.
3. __ Die Wohnung besteht nur aus einem Raum.
4. __ Die Küche ist ein eigener Raum mit einer Tür.
5. __ Es gibt viel Platz in der Wohnung und viel Licht.
6. __ Die Wände, die Möbel und die Fenster sind weiß.
7. __ Im Zimmer steht ein Bett und ein Schreibtisch.
8. __ Das Haus ist gelb, alle Häuser in der Straße sind bunt.
9. __ Der Balkon ist groß und man kann draußen essen.

Ü 13
Beschreiben Sie eine Wohnung.

in einer Stadt	in einem Haus	das Wohnzimmer	im Erdgeschoss
im Zentrum	in einer Wohnung	das Schlafzimmer	im … Stock
am Stadtrand	im Studentenheim	die Küche	die Treppe/Stiege
in einem Dorf	in einem Appartement	das Bad	der Lift/Aufzug
auf dem Land	in einem Zimmer	das WC	der Balkon
…	…	…	…

Ich wohne …. In der Wohnung gibt es …. Die Wohnung liegt …. Die Wohnung hat ….

Ü 14
Welches Wort passt nicht?

1. sauber machen — klingeln — putzen — Ordnung machen
2. die Wand — die Decke — die Treppe/Stiege — der Boden
3. das Regal — die Lampe — die Steckdose — das Licht
4. der Sessel — das Sofa — die Möbel — das Dach
5. der Heizkörper — die Heizung — die Kündigung — die Wärme

Grammatik

10

Redewiedergabe: Possessiv-Artikel

Frau Rossi erzählt:

„Ich fahre oft nach Bochum.

Das ist für mich wie eine Reise in meine

Heimat Italien."

Herr Greiner sagt:

„Ich mag die Wohnung sehr gerne. Die ist wichtig

für mich. Ich habe hier viel selber gebaut."

Frau Rossi erzählt, dass _sie_ (1) oft nach

Bochum fährt. Das ist für _sie_ (2)

wie eine Reise in ihre Heimat Italien.

Herr Greiner sagt, dass _er_ (3) die

Wohnung sehr gerne mag. Die ist wichtig

für _ihn_ (4). _Er_ (5) hat dort

viel selber gebaut.

Ü 15 W
a) Lesen Sie links und markieren Sie Personalpronomen und Possessiv-Artikel.
b) Ergänzen sie rechts.

Herr Adoube berichtet:

„Mir fehlt fast alles aus meiner Heimat.

Besonders fehlt mir meine Familie. Wenn ich

Heimweh habe, sehe ich mein kleines grünes

Auto an. Das haben mir meine Kinder geschenkt."

Herr Adoube berichtet, dass _ihm_ (1)

fast alles aus _seiner_ (2) Heimat fehlt.

Besonders fehlt _ihm_ (3) _seine_ (4)

Familie. Wenn _er_ (5) Heimweh hat,

sieht _er_ (6) _sein_ (7) kleines

grünes Auto an. Das haben _ihm_ (8)

seine (9) Kinder geschenkt.

Ü 16
Ergänzen Sie rechts Personalpronomen und Possessiv-Artikel.

Peter, was ist dein Lieblingsessen?

Mein Lieblingsessen ist Pizza.

Lieblingsessen • Lieblingsmusik
Lieblingssport • Lieblingsbuch
Lieblingsfilm • Lieblingsaktivität

Peter sagt, sein Lieblingsessen ist Pizza.

Ü 17
Was ist Ihr Lieblings-...?
Fragen Sie den Partner / die Partnerin. Notieren Sie.

1. „Das ist unser neues Haus. Das ist jetzt unsere Heimat."
2. „Unser Hund heißt Toby. Er ist fünf Jahre alt."
3. „Unser altes Haus war viel zu klein."
4. „Wir bekommen Besuch: Unsere Oma und unser Opa kommen."
5. „Unsere Kinder verstehen sich sehr gut."

*1. Die Familie erzählt, dass das ihr neues Haus ist.
Das ...*

Ü 18
Schreiben Sie.

dreiundachtzig | 83

10 Grammatik

Indefinitpronomen: „jemand", „niemand", „etwas", „nichts", „alles"

Ü 19 Ergänzen Sie „man", „jemand" oder „niemand".

1. Kann _man_ hier CDs kaufen?
2. Hast du gestern __jemanden__ im Café getroffen? – Nein, ich habe __niemanden__ getroffen.
3. Entschuldigung, kann __man__ hier nach Indonesien telefonieren?
4. Ich verstehe das nicht, kann mir __jemand__ erklären, wie dieses Handy funktioniert?
5. Hat __jemand__ für mich angerufen? – Nein, __niemand__.

Ü 20 Ergänzen Sie.

alles • jemand • niemand • alles • nichts • jemand
alles • niemand • nichts

1. Hallo, ist da _jemand_? Entschuldigung, kann mir bitte __jemand__ helfen?
2. Ist __alles__ in Ordnung? Ich habe gestern bei euch angerufen, aber es war __niemand__ zu Hause.
3. Hast du was von Rosanna gehört? – Nein, ich habe __nichts__ gehört.
4. __Alles__ Gute zum Geburtstag!
5. Hier ist __nichts__ anders, __alles__ ist so wie in meiner Heimat.
6. Ich bin ganz neu in der Stadt, ich kenne noch __niemand__.

Wiederholung: Redewiedergabe und Vermutungen

Ü 21 Machen Sie eine Umfrage im Kurs: Welche Farbe hat „Heimat" für Sie? Berichten Sie.

sagen • meinen • finden
beschreiben • erzählen • berichten

Anni erzählt, dass für sie Heimat gelb ist, weil das Haus von ihren Eltern gelb ist. Carlos beschreibt Heimat ...

Ü 22 Was ist das? Vermuten Sie.

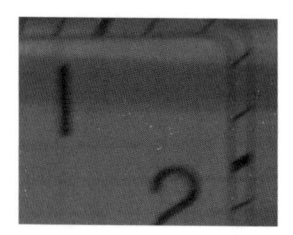

1. Vielleicht ...
2. Ich glaube/denke ... 
3. Es kann sein ... 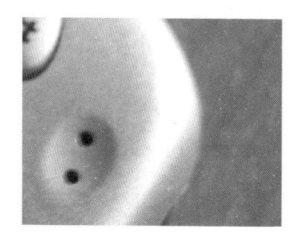
4. Wahrscheinlich ... 

84 | vierundachtzig

Rückschau

10

Über Heimat sprechen

Wo ist Heimat?

Die 42-jährige Sofia Royas aus Mexiko sagt: „Ich habe meine Heimat jetzt in Bochum. Ich bin hier nicht geboren, ich bin hier nicht aufgewachsen, aber ich bin jetzt schon zehn Jahre hier zu Hause. Niemand sagt mehr zu mir: Geh doch nach Hause!"
Josef Senger aus Todtnau im Schwarzwald ist 29 Jahre alt und hat mit seinen zwei Brüdern immer auf dem Bauernhof von seinen Eltern gelebt. „Die Umgebung von Todtnau ist meine Heimat. Ich kenne die Dörfer, die Berge und die Seen und viele Leute. Hier bin ich daheim."

Als Sofia Royas nach Deutschland kam, war sie Mexikanerin. Dann wollte sie wie eine Deutsche werden. Bald hat sie gemerkt, dass das nicht möglich ist: „Ich wusste ja gar nicht, was das ist, eine Deutsche. Ich habe immer mehr Deutsche kennen gelernt, und alle waren verschieden. Jetzt fühle ich mich hier wohl, weil ich mich an das Leben in Bochum gewöhnt habe. Und ich liebe meine Wohnung."
Josef Senger aus dem Schwarzwald denkt ähnlich: „Ich bin das Leben auf dem Bauernhof in Todtnau gewöhnt. Darum ist das meine Heimat." Heimweh kennt er nicht, denn er war noch nie länger als eine Woche von zu Hause weg.

R 1
a) Lesen Sie.

1. Wo ist Sofia Royas zu Hause?
2. Mit wem wohnt Josef Senger zusammen?
3. Was ist die Heimat von Josef Senger?
4. Warum kann Sofia Royas keine Deutsche sein?
5. Wo fühlt sich Sofia Royas besonders wohl?
6. Warum kennt Josef Senger kein Heimweh?

b) Antworten Sie.

Ein wichtiges Stück aus der Kindheit: _____

Da fühle ich mich zu Hause: _____

Das fehlt mir, wenn ich es nicht habe: _____

Als Kind war Heimat für mich: _____

Heute gehört für mich zu Heimat: _____

Meine liebste Musik aus meiner Heimat: _____

R 2
a) Notieren Sie Ihre Stichwörter.
b) Fragen Sie den Partner / die Partnerin.
c) Bewerten Sie:
++, +, –, – –.

Das kann ich

		++	+	–	– –
hören	Ich kann einfache Aussagen zum Thema „Heimat" verstehen.				
	Ich kann kurze Informationen über D-A-CH verstehen.				
lesen	Ich kann aus mehreren Anzeigen für eine bestimmte Situation die richtige auswählen.				
schreiben	Ich kann ein typisches Foto aus meinem Land kurz beschreiben.				
sprechen	Ich kann sagen, was für mich zu Heimat gehört.				
	Ich kann Vermutungen ausdrücken.				
Wortschatz	Ich kann Wörter zum Thema „Heimat" und „Wohnen".				
Aussprache	Ich kann Silben und Wörter mit dem Knacklaut voneinander trennen.				
	Ich kann eine kurze Geschichte zusammenhängend erzählen.				
Grammatik	Ich kann Possessivpronomen bei der Redewiedergabe benutzen.				
	Ich kann *jemand/niemand, etwas/nichts* und *alles* benutzen.				

R 3
a) Kreuzen Sie an.
b) Fragen Sie den Lehrer / die Lehrerin.

fünfundachtzig | 85

11 Herzlichen Glückwunsch

Einladung

Ü 1 Lesen Sie A 1. Markieren Sie die Orte auf der Karte.

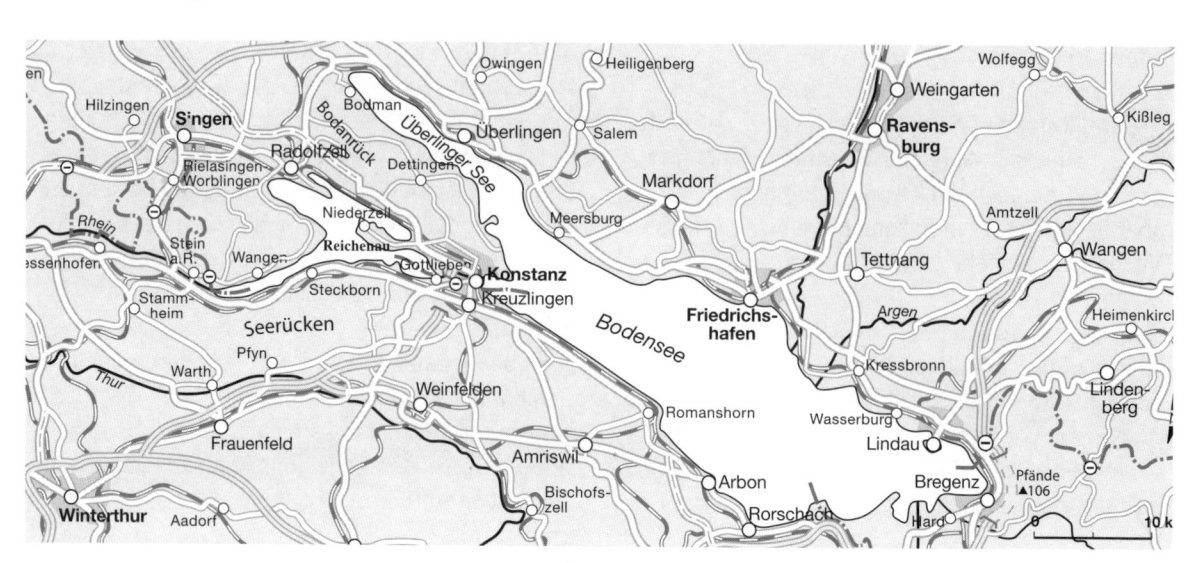

Ü 2 Lesen Sie A 2. Richtig oder falsch?

	R	F
1. Gabi und Andreas haben eine Einladung zur Hochzeit bekommen.	☐	☐
2. Andreas ist nicht überrascht, dass Petra und Uwe heiraten wollen.	☐	☐
3. Gabi freut sich, dass Petra und Uwe heiraten wollen.	☐	☐
4. Petra und Uwe heiraten am ersten Samstag im Juli.	☐	☐

Ü 3 (2.62) Hören Sie A 2b. Ergänzen Sie.

1. Wirklich? Ist _das_ wahr? 2. Das kann ich _nicht_ glauben. 3. Ach komm, ich freue _mich_. 4. _Ich_ finde es toll, dass sie heiraten. 5. Das ist _aber_ blöd! 6. Was machen _wir_ jetzt? 7. Ich weiß es _auch_ nicht.

Ü 4
a) Ordnen Sie zu.
b) Lesen Sie A 3 zur Kontrolle.

1. Hallo, Petra, _C_
2. Wir haben eure Einladung bekommen, _F_
3. Danke, Gabi. _B_
4. Ich komme sicher, _D_
5. Andreas würde auch gern kommen, _A_

A aber er hat noch eine andere Einladung.
B Das ist lieb von dir.
C hier ist Gabi.
D aber Andreas hat noch ein Problem.
F und da wollte ich dir gratulieren.

Ü 5 Ordnen Sie zu.

1. Wirklich? Ist das wahr?
2. Ich finde es toll, dass du kommen kannst.
3. Herzlichen Glückwunsch!
4. Es freut mich, dass du kommst.
5. Ich kann es einfach nicht glauben.
6. Das ist nicht möglich. Ich glaube es nicht.
7. Das ist aber schade!
8. So ein Mist!

A Sie sind überrascht.
B Sie freuen sich.
C Sie sind enttäuscht/ratlos.
D Sie wollen gratulieren.

86 | sechsundachtzig

1. Wo wohnt Andreas? _____
2. Ist Andreas verheiratet? _____
3. Was ist Andreas von Beruf? _____
4. Wem schreibt Andreas? _____

Ü 6
Lesen Sie A 4.
Beantworten Sie
die Fragen.

1
[a] Meinst du, das steht mir?
[b]✓ Meinst du, das geht so?
[c] Meinst du, das passt so?

3
[a] Super, das sieht ganz gut aus.
[b]✓ Super, das sieht toll aus.
[c] Super, das sieht nicht so toll aus.

Ü 7 (2.64)
Hören Sie A 5b
und kreuzen Sie an:
a, b oder c.

2
[a] Du sollst das dunkle Sakko nehmen.
[b] Du kannst das dunkle Sakko nehmen.
[c]✓ Du könntest das dunkle Sakko nehmen.

4
[a]✓ Die passen sehr gut.
[b] Die passen dir gut.
[c] Die passen mir gut.

Das passt nicht zu dir. • So kannst du nicht mitkommen. • Was soll ich denn anziehen?
Du siehst super aus! • Das freut mich. • Welches Hemd soll ich nehmen? • Danke.
Du könntest das gestreifte Sakko anziehen. • Zieh doch bitte die gelbe Krawatte an.
Die schwarzen Schuhe passen gut zu dir. • Findest du, dass die Ohrringe passen?
Das lange Kleid ist wunderschön. • Das steht dir gut! • Und die Ohrringe sind sehr schön!

Ü 8
a) Ordnen Sie.

Sie fragen um Rat.	**Sie machen ein Kompliment.**
Was soll ich denn anziehen?	
Sie geben einen Rat.	**Sie reagieren auf ein Kompliment.**

b) Ergänzen Sie
Ihre Ratschläge
und Komplimente.

A
Sie sind zu einer Party eingeladen.
Fragen Sie um Rat.
– Kleidung?
– Geschenk mitbringen?

Was soll ich denn anziehen?

Sie kommen zur Party.
– Grüßen Sie.
– Machen Sie Komplimente: Stimmung/Musik

B
Sie machen eine Party.
Geben Sie Ratschläge.
– am Abend kühl: Pullover
– keine Geschenke, aber Salat oder Wein

Zieh doch einfach Jeans an! Das passt gut!

Sie empfangen die Gäste.
– Sie freuen sich.
– Sie reagieren auf Komplimente.

Ü 9
Spielen Sie.

siebenundachtzig | 87

11

Feste feiern

Ü 10 Hören Sie A 7, 1–2. Ergänzen Sie.

1
A Zum Wohl, ein _____ neues Jahr.
B _____ gleichfalls, zum Wohl.
C Viel Glück in _____ neuen Job.
D Danke, _____ kann's brauchen.

2
A Zum Geburtstag _____ Glück!
B Auf _____ Wohl, Petra.
C _____ Gute, Petra!
D Herzlichen _____wunsch, Petra!

Ü a) Hören Sie A 7, 3–4. Ergänzen Sie.
b) Hören Sie das Lied noch einmal und singen Sie mit.

3
Oh Tannenbaum, oh Tannenbaum,
wie _____ (1) sind deine Blätter.
Du grünst nicht nur zur _____ (2),
nein, auch im _____ (3),
wenn es schneit.
Oh Tannenbaum, oh Tannenbaum,
wie grün sind deine _____ (4)!

4
Osterhas, Osterhas,
_____ mal _____ (1),
ich _____ (2) dir was.
Hopse _____ (3) an mir vorbei,
_____ (4) mir ein _____ (5)
Osterei!

Ü 11
a) Was passt zu welchem Fest?
b) Kontrollieren Sie mit A 7c.

1. Ein Baum wird mit Lichtern und Kugeln geschmückt. 2. Nach Mitternacht hört man an vielen Orten laute Raketen. 3. Vor der Kirche brennen oft große Feuer. 4. An diesem Tag feiern die Christen die Geburt von Jesus. 5. Pünktlich um Mitternacht wird mit Sekt angestoßen. 6. Kinder und Erwachsene machen sich Geschenke. 7. Das Fest ist ein Frühlingsfest. 8. Viele gehen ins Restaurant oder feiern in einem Club. 9. Im Garten oder im Haus werden Eier und Süßigkeiten versteckt.

Weihnachten	Silvester	Ostern
1.		

Ü 12
a) Was ist Kwanza? Lesen Sie.

Bei uns ist Kwanza ein wichtiges Fest. Der Name Kwanza bedeutet „erste Früchte". Das Fest gibt es seit 1966. Man feiert Kwanza zwischen dem 26. Dezember und dem 1. Januar. Man zündet sieben Kerzen an und isst traditionelle afrikanische Spezialitäten. Dieses Fest gibt es fast überall in Afrika.

Was ist bei euch …?   Wie lange dauert …?
Wann feiert man …?   Was macht man …?

b) Erzählen Sie von einem Fest.

Tipp: Erzählen

Machen Sie beim Erzählen einfache, kurze Sätze.

Training 11

Eine kurze Mitteilung schreiben

1
Sie bekommen eine Karte von Ihrer Freundin Petra. Sie haben Sie in Berlin kennen gelernt. Sie schreibt, dass sie am 11. April eine Geburtstagsparty macht. Petra lädt Sie nach Berlin ein.

2
Sie bekommen eine Karte von Ihrer ehemaligen Chefin, Frau Meier. Sie haben bei ihr in den Ferien gearbeitet. Sie lädt Sie am 22. Oktober zu einer Abschiedsparty ein. Danach geht sie in Pension.

Ü 13
Lesen Sie und schreiben Sie eine Antwort mit dem Briefgenerator.

Briefgenerator

Ort – Datum	Fribourg, 7. Oktober …
Anrede Du-Form:	Liebe Petra / Lieber Peter
Anrede: Sie-Form:	Sehr geehrter Herr Meier / Sehr geehrte Frau Meier
Unbekannte Personen:	Sehr geehrte Damen und Herren
Dank:	Vielen Dank für deine Karte. – Ich danke Ihnen für die Einladung.
Gratulation:	Herzliche Glückwünsche zum Geburtstag. – Ich gratuliere dir zum Geburtstag.
Absage:	Leider kann ich nicht kommen. – Es tut mir Leid, dass ich nicht kommen kann.
Zusage:	Ich freue mich auf die Party. – Ich komme gern zum Fest.
Fragen:	Kann ich bei dir übernachten? – Könnten Sie für mich ein Zimmer reservieren?
	Kannst du mir helfen? – Könnten Sie mir einen Tipp geben?
	Mein Freund aus Chile ist zu Besuch. Kann er mitkommen?
Grüße: du	Bis bald – Liebe Grüße aus Fribourg
Grüße: Sie	Mit freundlichen Grüßen – Ich grüße Sie freundlich
Unterschrift	(Ihr) Martin Künzle / (deine) Chantal Strasser

Genau hören: höflich – unhöflich

1. Kannst du bitte eine Krawatte anziehen?
2. Kannst du bitte eine Krawatte anziehen?
3. Zieh eine Krawatte an!
4. Zieh eine Krawatte an!
5. Würdest du bitte eine Krawatte anziehen?
6. Würdest du bitte eine Krawatte anziehen?
7. Zieh bitte eine Krawatte an!
8. Zieh bitte eine Krawatte an!
9. Könntest du bitte eine Krawatte anziehen?
10. Könntest du bitte eine Krawatte anziehen?

Ü 14
a) Hören Sie A 11c. Markieren Sie die höfliche / freundliche Version.

b) Spielen Sie: freundlich und unfreundlich.

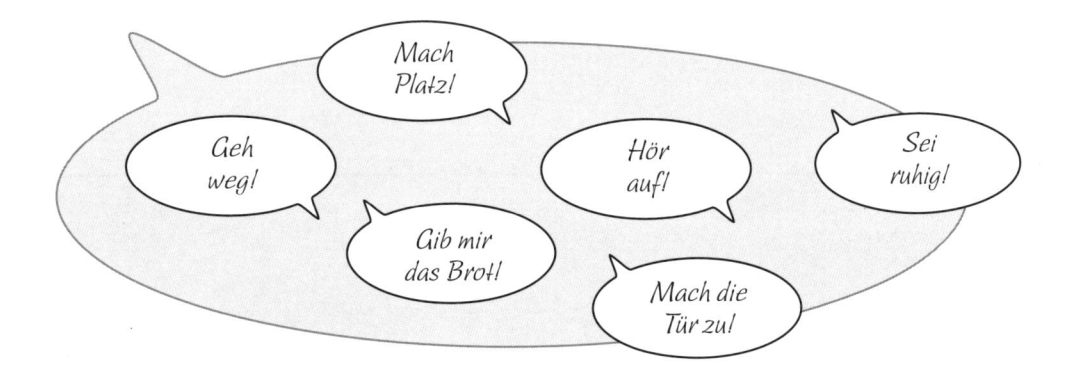

- Mach Platz!
- Geh weg!
- Gib mir das Brot!
- Hör auf!
- Mach die Tür zu!
- Sei ruhig!

neunundachtzig | 89

11 Wortschatz

Gratulation und Komplimente

Ü 15
a) Ergänzen Sie.
b) Korrigieren Sie mit A 12.

1. Toll, dass du bestanden hast. Ich _____.
2. Für unsere liebe Mammi. Alles Liebe und _____!
3. Die Möbel passen sehr gut. _____ Glückwunsch.
4. Wir wünschen dir zu deinem _____ viel Glück.
5. Danke für die _____. Die Musik ist super!
6. _____! Das Fleisch schmeckt sehr gut.
7. Viel _____ für eure gemeinsame Zukunft.
8. Wie _____ die Kleine ist!

Personen beschreiben

Ü 16
Hören Sie A 13b.
Machen Sie Notizen:
Name, Kleidung, ...

Angelika – die mit dem roten Kleid

Ü 17
a) Wie heißt das Gegenteil?

b) Notieren Sie Sätze.

die große Nase	
die blonden Haare	
der sportliche Typ	breit
die kleinen Augen	hell
die sportliche Figur	klein
das hübsche Gesicht	dunkel
die schmalen Lippen	unsportlich
die weiße Haut	silbern
der kurze Hals	dick
die starken Arme	hässlich
die schmalen Hände	braun
die langen Beine	lang
die großen Füße	schwach
der dunkle Bart	groß
die schöne Brille	kurz
die goldene Halskette	
...	

Sie hat eine kleine Nase.
...

c) Schreiben Sie ein Selbstportrait.

Ich bin ... groß und ...

90 | neunzig

Grammatik

Vorschläge machen, Bitten und Wünsche äußern: Konjunktiv II

würde • ~~könntest~~ • könntest

- Gabi, _könntest_ (1) du mal kommen? Meinst du, das geht so?
- Andreas, bitte nicht. Das passt doch nicht zu einer Hochzeit! Du _____ (2) das dunkle Sakko nehmen und dazu die gestreifte Hose.
- Und welches Hemd?
- Ich _____ (3) das dunkelblaue nehmen.

Ü 18 Ergänzen Sie.

- Hallo, Tina, vielen Dank für die Einladung zu deinem Fest. Soll ich etwas zu essen mitbringen?
- Ja, wenn du willst. Du _könntest_ (können) (1) eine Nachspeise mitbringen, oder du _____ (können) (2) auch einen Salat machen. Sag mal, du und Peter, ihr kommt doch mit dem Auto, _____ (können) (3) ihr meine Schwester abholen?
- Ja, natürlich, kein Problem.

Ü 19 Ergänzen Sie die Verben im Konjunktiv II.

1. Andreas hat zwei Einladungen am gleichen Tag. Er _würde_ gern zur Hochzeit gehen. 2. Petra _____ gern mit Gabi einkaufen gehen. 3. Sie _____ gern ein neues schickes Kleid. 4. Nach der Hochzeit _____ Uwe und Petra gern eine Reise machen. 5. Sie _____ gern viel Zeit und Geld, dann _____ sie nach Australien fahren.

Ü 20 Ergänzen Sie „würd-" oder „hätt-".

ich hätte gern ... • ich wäre gern ... • ich würde gern ...

Ich würde gern ein großes Fest machen. Ich hätte gern ...

Ü 21 Was wünschen Sie sich? Schreiben Sie 5 Sätze.

11 Grammatik

Ü 22
Formulieren Sie höfliche Bitten.

1. Sie sind im Café. Sie möchten noch einen Tee.
2. Sie sind in der Stadt und haben Ihre Uhr vergessen. Sie fragen nach der Uhrzeit.
3. Sie finden den Weg zum Bahnhof nicht.
4. Sie sind bei Freunden und bitten um den Zucker.
5. Sie sind bei einem Kollegen und möchten sich die Hände waschen.

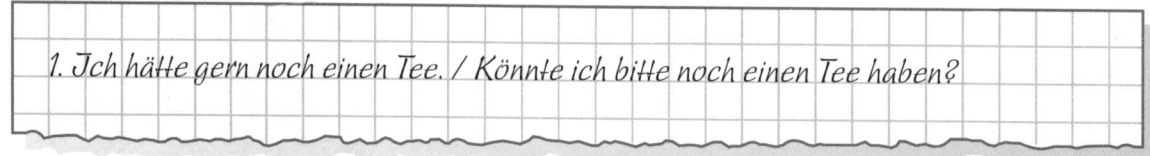

1. Ich hätte gern noch einen Tee. / Könnte ich bitte noch einen Tee haben?

Ü 23
Was würden Sie tun? Machen Sie Vorschläge.

1. Ein Freund feiert heute Geburtstag. Es ist Sonntagnachmittag und Sie haben das Geschenk vergessen.
2. Sie kochen ein Essen für Freunde, aber alles brennt an.
3. Sie müssen in 40 Minuten am Flughafen sein, aber Sie haben den Bus verpasst.
4. Sie wollen eine Freundin vom Bahnhof abholen, aber Sie finden sie nicht.
5. Sie fahren in die Stadt und wollen ins Kino gehen. Vor dem Kino merken Sie, dass Sie Ihr Geld vergessen haben.

Ich würde ihm einen Gutschein für ein Essen schenken.

Passiv verstehen

Ü 24
Markieren Sie die Passiv-Formen und notieren Sie den Infinitiv.

Weihnachten
In vielen Familien **wird** ein Tannenbaum mit bunten Kugeln und Lichtern **geschmückt**. Am Heiligabend, am 24. Dezember, ist das Weihnachtsfest. In vielen Regionen werden Weihnachtslieder gesungen. Unter dem Weihnachtsbaum liegen die Geschenke für Kinder und Erwachsene. ...

Ostern
Ostern wird am Frühlingsanfang Ende März oder Anfang April gefeiert. Am Ostersonntag verstecken die Eltern bunte Eier und Süßigkeiten im Haus oder im Garten, die die Kinder dann suchen. ...

Neujahr
Der Abend des 31. Dezember wird oft mit Freunden oder mit der Familie gefeiert. Pünktlich um Mitternacht wird mit Sekt angestoßen. ...

Infinitiv

Rückschau

11

Einladungen

1

Sie bekommen eine Karte von Ihrem Freund Paul aus der Schweiz. Sie haben zusammen studiert. Er schreibt, dass er am 11. April heiratet. Paul lädt sie zu seiner Hochzeit nach Luzern ein. Leider können Sie nicht in die Schweiz fahren, weil Sie Examen haben.

2

Sie bekommen eine Einladung von Ihrer Freundin. Sie organisiert am Wochenende vom 22. und 23. Juli eine Sommerparty mit Musik. Sie sucht Leute, die ihr bei der Organisation helfen. Sie haben Zeit und Lust, Ihrer Freundin bei der Vorbereitung zu helfen.

R 1
a) Wählen Sie 1. oder 2 und schreiben Sie eine Antwort. Vergleichen Sie mit dem Partner / der Partnerin und mit Ü 13.

b) Bewerten Sie:
++, +, −, − −.

*Lieber Paul,
vielen Dank für …*

Freude, Enttäuschung, Überraschung ausdrücken

1. Ihr Freund ruft an. Er kann am Wochenende nicht kommen. Sie sind enttäuscht.
2. Es läutet: Ina, eine alte Freundin, steht vor der Tür. Sie sind überrascht.
3. Ein Freund lädt Sie zu einer Party ein. Sie freuen sich.
4. Ihre Kollegin hat die Prüfung bestanden. Sie gratulieren.

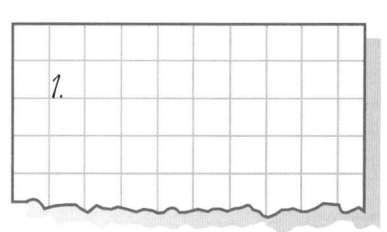

1.

R 2
a) Wie reagieren Sie? Schreiben Sie.
b) Bewerten Sie:
++, +, −, − −.

Das kann ich

		++	+	−	− −
hören	Ich kann Gespräche über Einladungen verstehen.				
	Ich kann höflichen/freundlichen und unhöflichen/unfreundlichen Tonfall unterscheiden.				
lesen	Ich kann wichtige Informationen zu Festen verstehen.				
schreiben	Ich kann eine Einladung beantworten (Zusage/Absage).				
	Ich kann eine einfache Mitteilung schreiben.				
sprechen	Ich kann Gefühle wie Freude, Enttäuschung ausdrücken.				
	Ich kann über typische Feste in meinem Land sprechen.				
	Ich kann höfliche Bitten formulieren.				
Wortschatz	Ich kann Wörter zum Thema „Gratulation/Komplimente".				
	Ich kann Wörter zum Thema „Personen beschreiben".				
Aussprache	Ich kann W-Fragen sprechen.				
	Ich kann emotional sprechen.				
Grammatik	Ich kann den Konjunktiv von *haben, werden, können* bei höflichen Äußerungen, Wünschen und Bitten benutzen.				
	Ich kann Äußerungen im Passiv (Präsens) verstehen.				

R 3
a) Kreuzen Sie an.
b) Fragen Sie den Lehrer / die Lehrerin.

dreiundneunzig | 93

A2B1 Ausklang: Andrea und Milan

Ein Besuch

Ü 1
a) Ergänzen Sie.

b) Hören Sie A 1 zur Kontrolle.

bin ledig • mit Menschen arbeiten • mag den Kontakt • komme aus
habe … eine Lehre gemacht • interessiere mich für • gefällt mir • arbeite als

Ich bin Andrea Studer. Ich bin 22 Jahre alt und _____ (1) der Schweiz. Ich wohne in Bern. Ich _____ (2). Ich _____ (3) Laborantin bei einem Pharma-Betrieb. Ich _____ (4a) zuerst _____ (4b), die hat 4 Jahre gedauert. … Die Arbeit hier _____ (5), aber ich suche trotzdem eine neue Stelle. Ich möchte mehr _____ (6), denn ich _____ (7) … . Ich reise gern und _____ (8) fremde Kulturen, besonders für Asien. …

bei Siemens • seit 10 Jahren • mit meinen Eltern • nach Hamburg
an der Fachhochschule • nach dem Abschluss

Mein Name ist Milan Čapek. Ich komme aus Tschechien und wohne _____ (9) in Hamburg. Ich bin _____ (10) von Prag _____ (11) gekommen, weil mein Vater hier Arbeit gefunden hat. Ich habe _____ (12) für Informatik und Technik studiert. Dann hatte ich großes Glück: Ich habe gleich _____ (13) eine Stelle _____ (14) gefunden, da arbeite ich heute noch. …

Ü 2
Finden Sie 10 Fehler und korrigieren Sie.

Liebe̶ (er) Milan,

ich danke dir für deinen E-Mail. Ich freue mich, dir zu sehen. Leider kann ich aber am Freitag nicht, da meine Mutter Geburtstag hatte. Aber am Samstag geht es. Kommst du auch mit den Zug um 16 Uhr? Ich habe in der Zeitung nachsehen. Es geben viele Dinge, die wir machen können. Ich möchte am liebsten an der Tourismus-Messe. Wenn du länger bleibe, dann können wir auch noch an das Konzert von Herbert Grönemeyer. Hast du Lust?

♥ und 1000 Küsse   Andrea

Ü 3
Lesen Sie die Anzeigen von A 3. Kreuzen Sie an.

	R	F
1. Das neue Zentrum Paul Klee gibt es noch nicht lange.	☐	☐
2. Im Museum kann man nur Bilder von Klee sehen.	☐	☐
3. Auf der Tourismus-Messe sind 5 Kontinente dabei.	☐	☐
4. Es kommen mehr als 300 Aussteller.	☐	☐
5. Das Fußballspiel findet in einem Wasserkraftwerk statt.	☐	☐
6. Herbert Grönemeyer singt nach diesem Konzert nicht mehr.	☐	☐

Im Zug

A

Bahnhof	Zeit	Gleis	Zug
Stuttgart Hbf	ab 15:51	9	ICE 512
Mannheim Hbf	an 16:28	3	
Mannheim Hbf	ab 16:31	2	ICE 874
Frankfurt (Main) Hbf	an 17:08	8	
Frankfurt (Main) Hbf	ab 17:17	2	ICE 774
Hannover Hbf	an 19:48	10	
Hannover Hbf	ab 19:59	8	IC 2278
Hamburg Hbf	an 21:28	12	

Dauer: 5:37, fährt Mo – Fr, So

Sie wollen von Berlin nach Stuttgart.
- Wann in Berlin abfahren?
- Zug über Frankfurt?
- Umsteigen?
- Wann in Stuttgart?

B

Bahnhof	Zeit	Gleis	Zug
Berlin Zoologischer Garten	ab 13:55	3	ICE 848
Hannover Hbf	an 15:28	11	
Hannover Hbf	ab 15:42	4	ICE 79
Frankfurt (Main) Hbf	an 18:00	6	
Frankfurt (Main) Hbf	ab 18:19	11	IC 2395
Stuttgart Hbf	an 19:54	14	

Dauer 5:59, fährt täglich, nicht 23. bis 30. Sept.

Sie wollen von Stuttgart nach Hamburg.
- Wann in Stuttgart abfahren?
- Über Heidelberg oder Mannheim?
- Umsteigen?
- Wann in Hamburg?

Ü 4 Wie kommen Sie von ... nach ...? Fragen Sie den Partner / die Partnerin.

Anrede _____
Datum und Uhrzeit _____
Problem und Lösung _____
_____
_____
Gruß am Schluss _____

Ü 5 Ihr Zug hat Verspätung. Machen Sie Notizen und sprechen Sie einer Freundin auf den Anrufbeantworter.

1. ● Ich habe so einen Hunger. Ich habe Lust auf Fisch. Ich glaube ich nehme _____.
   Oder soll ich lieber _____ bestellen?
   ○ Ich lade dich ein. Nimm doch etwas Feines, den _____.
2. ● Ich habe richtigen Durst bei der Hitze, möchte aber keinen Alkohol – und nicht zu süß.
   ○ Trink doch _____.
3. ● Was ist Salatgarnitur?
   ○ Das ist ein grüner Salat und wahrscheinlich Tomaten. Was kostet das?
   ● _____.
4. ● Ich habe nicht so viel Durst. Wollen wir eine Flasche Mineralwasser teilen?
   ○ Okay, dann nehmen wir aber eine große. Ein _____, ist das recht?
5. ● Was möchten Sie zu den Frankfurter Würstchen?
   ○ Was gibt es denn dazu?
   ● Also wir haben _____ und _____.

Ü 6 Lesen Sie A 5 und ergänzen Sie. Es gibt mehrere Möglichkeiten.

fünfundneunzig | 95

A2 B1

Am Ziel

Ü 7
Milan erzählt die Geschichte einem Freund. Ergänzen Sie.

ankommen • finden • führen • gehen • küssen • sehen
springen • tanzen • überlegen • umarmen • warten

Ich bin mit dem falschen Zug in Bern _angekommen_ (1). Andrea _____ am Bahnsteig auf mich _____ (2). Ich _____ aus dem Zug _____ (3) und wir _____ uns _____ (4) und _____ (5) und uns lange in die Augen _____ (6). Sie _____ mich dann in die Stadt _____ (7). Wir _____ ein gemütliches Café _____ (8) und _____ uns _____ (9): Was machen wir nun? Dann _____ wir in eine Disco _____ (10). Wir _____ bis 4 Uhr früh _____ (11).

Ü 8
a) Was passt zu welcher Geschichte? Ordnen Sie zu.

b) Kontrollieren Sie mit A 6b.

c) Erzählen Sie die Geschichte.

1. Milan

2. Milan und Andrea

3. Andrea

A am Bahnhof abholen
B anrufen
C auf einer Bank sitzen
D im Hotel übernachten
E in den falschen Zug einsteigen
F in ein Café gehen
G lange warten
H müde sein
I sich umarmen
J stundenlang spazieren
K tanzen

Training Test

A2B1

Schlusstest

Gratulation! Sie sind am Ende von *Optimal* A2 angekommen. Sie wollen nun sicher wissen: Wie viel habe ich gelernt? Was kann ich?

Machen Sie einfach den Test und überprüfen Sie Ihre Fortschritte.
Wir wünschen Ihnen viel Erfolg!

Ein paar Informationen zum Test:

Aufbau
Der Test besteht – wie *Start Deutsch 2* – aus vier Teilen:

Hören		Dauer: ca. 20 Minuten	
Teil	Texte	Aufgabe	Punkte
1	Telefonansagen	Notizen machen	5
2	Radioansagen	3 Auswahlantworten: a – b – c	5
3	Gespräch	zuordnen	5

Schreiben		Dauer: ca. 25 Minuten	
Teil	Texte	Aufgabe	Punkte
1	Formular	einzelne Infomationen ergänzen	5
2	kurze Mitteilung	nach 3 Leitpunkten schreiben	10

Lesen		Dauer: ca. 20 Minuten	
Teil	Texte	Aufgabe	Punkte
1	Listen/Inhaltsangaben	3 Auswahlantworten: a – b – c	5
2	Zeitungsmeldung	richtig/falsch	5
3	Kleinanzeigen	zuordnen	5

Sprechen		Dauer: ca. 15 Minuten Paarprüfung	
Teil	Prüfungsteil	Aufgabe	Punkte
1	sich vorstellen	monologisch Fragen des Prüfers	3
2	über ein Alltagsthema sprechen	mit dem Partner, mit Handlungskarten	6
3	etwas ausmachen	mit dem Partner, z.B. mit einem Kalender	6

Hören, Lesen und Schreiben lösen Sie allein. Beim Sprechen arbeiten Sie zu zweit oder in einer Gruppe.

Ablauf

- Vor jedem Test steht „Das kann ich ...". Das sind die Ziele von *Start Deutsch 2*. Lesen Sie und kreuzen Sie an.
- Machen Sie den Test. Notieren Sie die Zeit, die Sie für den Test brauchen.
- Nach dem Test: Vergleichen Sie mit der Zeit, die vorgeschlagen ist.
- Korrigieren Sie mit dem Lösungsschlüssel oder fragen Sie Ihre Lehrerin oder Ihren Lehrer. Auf Seite 108 können Sie Ihre Resultate sammeln. Notieren Sie Ihre Punkte.
- Vergleichen Sie mit dem Lösungsschlüssel auf S. 142.

Tipp: Prüfungsergebnisse optimieren

Wenn Sie mit einigen Testteilen Probleme haben, dann überlegen Sie:
- Habe ich die Aufgaben gut verstanden? → Aufgaben zweimal lesen.
- Waren bestimmte Aufgaben neu für mich? → Andere, ähnliche Aufgaben lösen.
- Habe ich die richtigen Techniken benutzt? → Trainingsseiten noch einmal ansehen.
- Was muss ich wiederholen? → Wiederholungsprogramm zusammenstellen.

A2B1 Training Test

Hören

Das kann ich:

☐ Ich kann einfache Mitteilungen auf einem Anrufbeantworter verstehen, wenn deutlich gesprochen wird.

☐ Ich kann die wichtigsten Informationen von Ansagen, zum Beispiel im Radio, verstehen.

☐ Ich kann eine einfache Wegerklärung oder einen einfachen Auftrag verstehen.

☐ Ich kann in einem Gespräch oder in einer Diskussion das Thema verstehen, wenn langsam und deutlich gesprochen wird.

☐ Ich kann Wörter und Wendungen verstehen, wenn es um Familie, Arbeit oder ähnliche Themen geht.

TEST

Sie haben für den ganzen Hörtest (Teile 1 – 3) ca. 20 Minuten Zeit. Der Test besteht aus 15 Aufgaben. Machen Sie zuerst alle 3 Teile und korrigieren Sie am Schluss.

Notieren Sie jetzt die Startzeit: Start: _____

Teil 1 Mitteilungen verstehen: Notizen ergänzen

Sie hören fünf Ansagen am Telefon (Index 77 – 82 auf der Arbeitsbuch-CD oder Index 80 – 85 auf der Lehrbuch-CD2). Zu jedem Text gibt es eine Aufgabe. Ergänzen Sie die Telefon-Notizen. Hören Sie jeden Text **zweimal**.

Beispiel

Lösung: bis 17 Uhr

Sitzung
Sitzung morgen 16 Uhr
Sitzung dauert *bis 17 Uhr*
Frau Pfister informieren

3 Museum
wieder offen ab 7. Januar
Öffnungszeiten:
Dienstag – Freitag: _____
Samstag/Sonntag: 10 Uhr – 21 Uhr

1 Buchhandlung
Buch angekommen
Am Samstag offen: _____

4 Mark anrufen
Mark kann heute nicht kommen.
Wann? _____

2 Telefonauskunft
Vorwahl: 063
Rufnummer _____

5 Neuer Termin beim Zahnarzt
Wann? _____
Bitte anrufen 091 887 44 00!

98 | achtundneunzig

Training Test

A2B1

Teil 2 Radioansagen und Durchsagen verstehen: Richtige Antwort ankreuzen

Sie hören fünf Informationen aus dem Radio (Index 83 – 88 auf der Arbeitsbuch-CD oder Index 86 – 91 auf der Lehrbuch-CD2).
Zu jedem Text gibt es eine Aufgabe. Kreuzen Sie an: [a], [b] oder [c]. Hören Sie jeden Text nur **einmal**.

Beispiel

0 Sie wollen nach Österreich. Wie lange müssen Sie an der Grenze warten?
[a] 15 Minuten.
[ⓑ] 30 Minuten.
[c] 3 Stunden.

6 Wie ist das Wetter morgen?
[a] Es ist bedeckt und dann sonnig.
[b] Sonnig, gegen Abend gibt es Regen.
[c] Es regnet den ganzen Tag.

7 Wie spät ist es?
[a] Es ist gleich 18 Uhr.
[b] Es ist gleich 6 Uhr.
[c] Es war eben 6 Uhr.

8 Was für eine Sendung kommt um 11 Uhr 30?
[a] Eine Sendung mit Fragen von Hörern.
[b] Nachrichten.
[c] Eine Musiksendung.

9 Für welches Konzert gibt es Gratiskarten?
[a] „Crash-Piloten" im Odeon.
[b] „Anna und die Band" im Zelt.
[c] „Die neuen Ärzte" beim Festival „Rock gegen rechts".

10 Gratulation zu ...?
[a] Geburtstag.
[b] Prüfungen.
[c] Hochzeit.

Teil 3 Gespräche verstehen: Informationen zuordnen

Sie hören ein Gespräch (Index 89 auf der Arbeitsbuch-CD oder Index 92 auf der Lehrbuch-CD2). Zu diesem Gespräch gibt es fünf Aufgaben. Ordnen Sie zu und notieren Sie den Buchstaben. Hören Sie den Text **zweimal**.

Wo ist was?

Ort	0	11	12	13	14	15
	Wohnzimmer	Keller	Garten	Küche	Zimmer von Rodríguez	Wohnzimmer im 1. Stock
Lösung	a					

0
[a] Fernseher
[b] Waschmaschine
[c] Abendessen
[d] Kühlschrank
[e] Frühstück

[f] Schreibtisch
[g] Kleiderschrank
[h] Bett
[i] Hund Foxi
[j] Fahrrad

Notieren Sie die Schlusszeit: _____ . Vergleichen Sie mit der Startzeit.   Zeit insgesamt: _____
Bei *Start Deutsch 2* dauert dieser Prüfungsteil 20 Minuten.
Korrigieren Sie jetzt mit dem Lösungsschlüssel (S. 142). Jede richtige Antwort gibt einen Punkt.
Notieren Sie Ihr Ergebnis auf Seite 108.

A2B1   Training Test

Lesen

Das kann ich:

☐ Ich kann kurze Texte über ein bekanntes Thema verstehen. Das können Texte aus dem Alltag oder aus dem Beruf sein.

☐ Ich kann Standardbriefe und E-Mails verstehen (Anfragen, Bestellungen usw.).

☐ Ich kann einfache persönliche Briefe verstehen.

☐ Ich kann einzelne Informationen über Ereignisse und Erzählungen aus Zeitungen, Zeitschriften oder Briefen verstehen.

☐ Ich kann Vorschriften und Anweisungen verstehen, wenn sie einfach formuliert sind.

☐ Ich kann einfache Anleitungen für Apparate, die man im Alltag braucht, verstehen.

Tipp: Verschiedene Aufgaben: Die richtige Lesestrategie wählen

Überlegen Sie sich für die einzelnen Prüfungsteile Ihre optimale Lesestrategie. Hier ein paar Vorschläge:

Teil 1: Listen/Inhaltsverzeichnisse: Detailinformationen suchen
- Beispiel lesen: Lesen Sie die Situation und suchen Sie die richtige Textstelle in der Liste.
- Situation genau lesen. Dann:
  Text [a] lesen. Antwort im Text? Ja ➔ [a] ankreuzen.
  Nein ➔ Text [b] lesen. Antwort im Text? Ja ➔ [b] ankreuzen.
  Nein ➔ [c] ankreuzen.
- Nächste Situation genau lesen. ...

Teil 2: Zeitungsartikel lesen: Hauptinformationen verstehen
- Beispiel lesen: Lesen Sie die Aussage und suchen Sie die Antwort im Text.
- Aussage lesen. Text schnell lesen und entscheiden:
  Antwort im Text gefunden ➔ Aussage richtig. Ankreuzen.
  Antwort nicht im Text gefunden: Aussage falsch. Ankreuzen.
- Nächste Aussage lesen. ...

Teil 3: Kleinanzeigen lesen: Informationen suchen
- Beispiel lesen: Lesen Sie die Situation und vergleichen Sie mit der passenden Anzeige.
- Aufgabe lesen: Was muss ich suchen?
- Anzeige suchen und schnell entscheiden: Passt die Anzeige?
  Wenn keine Anzeige passt, nächste Situation lesen.
- Buchstaben ankreuzen oder notieren.
- Nächste Aufgabe lesen. ...

Vergleichen Sie Ihre Strategien mit einem Partner / einer Partnerin im Kurs.

TEST

Sie haben für den ganzen Lesetest (Teile 1 – 3) ca. 20 Minuten Zeit. Der Test besteht aus 15 Aufgaben. Machen Sie zuerst alle 3 Teile und korrigieren Sie am Schluss.

Notieren Sie jetzt die Startzeit.   Start: _____

Training Test

A₂B₁

Teil 1 Listen/Inhaltsverzeichnisse: Detailinformationen suchen

Sie sind in Wien. Sie wollen in ein Museum gehen. Lesen Sie die Aufgaben 1 – 5 und die Informationen im Museumsführer. In welches Museum gehen Sie? Kreuzen Sie an: [a], [b] oder [c]

Beispiel

0   Sie möchten ins Museum. Sie haben aber keine Lust auf Kunst oder Fotos. Was wählen Sie?
[a] Naturhistorisches Museum
[b] KUNSTHALLE, wien, halle 2
[c] anderes Museum

1   Sie möchten alte Bilder sehen.
[a] Naturhistorisches Museum
[b] Albertina
[c] anderes Museum

2   Sie interessieren sich für Fotografie.
[a] Museum Hermesvilla
[b] KunstHausWien
[c] anderes Museum

3   Sie sind mit Ihrem Partner / Ihrer Partner in Wien. Sie suchen ein Spezialangebot.
[a] KunstHausWien
[b] Naturhistorsches Museum
[c] anderes Museum

4   Es ist Dienstag. Welches Museum können Sie nicht besuchen?
[a] Museum Hermesvilla
[b] Albertina
[c] anderes Museum

5   Sie haben Lust, am Donnerstagabend nach 20 Uhr ins Museum zu gehen. Wohin gehen Sie?
[a] KUNSTHALLE, wien, halle 2
[b] Naturhistorisches Museum
[c] anderes Museum

MUSEUMSFÜHRER

Museum Hermesvilla
Im Museum Hermesvilla können Sie in der Ausstellung „chic – Damenmode des 20. Jahrhunderts" eine Auswahl aus der Museumssammlung sehen.
Öffnungszeiten: Dienstag bis Sonntag und Feiertag, 9.30 Uhr bis 16.30 Uhr

KunstHausWien
Der persönliche Ausstellungsbesuch und eine exklusive Führung für Sie und Ihre Begleitung machen den Museumsbesuch zu einem besonderen Erlebnis – „Museum for two":
• Eintritt für zwei Personen
• 1 Stunde exklusive Privatführung durch die Ausstellung mit Werken von dem berühmten österreichischen Künstler Friedensreich Hundertwasser (1928 – 2000)
Geöffnet täglich von 10 bis 19 Uhr

Albertina
Diese fast 100 Werke umfassende Schau zeigt die künstlerische Entwicklung von Michelangelo von 1490 bis 1565: von der Hochrenaissance bis zum Manierismus. Die gezeigten Werke von Michelangelo, Leonardo und Raffael sind weltbekannt.
Öffnungszeiten: täglich 10 bis 18 Uhr.
Mittwochs 10 bis 21 Uhr

KUNSTHALLE wien, halle 2
Juergen Teller: Ich bin vierzig
Juergen Teller, 1964 in Deutschland geboren, zählt heute zu den Stars in der zeitgenössischen Fotokunst. Bekannt sind seine Bilder aus der Kunst-, Werbe- und Modewelt.
Öffnungszeiten: Täglich 10 bis 19 Uhr, Do 10 bis 22 Uhr, Mittwoch geschlossen!

Naturhistorisches Museum Wien
Im Hochparterre sind kostbare Edelsteine und Mineralien, seltene Fossilien und riesige Dinosaurier ausgestellt. Haben Sie die „Venus von Willendorf", den Skelettabguss von einem Diplodocus, dem längsten Landwirbeltier, schon gesehen?
Öffnungszeiten: täglich außer Dienstag: 9.00 – 18.30
Dienstag geschlossen – Mittwochabends geöffnet bis 21.00

A2 B1 Training Test

Teil 2 Zeitungsartikel lesen: Hauptinformationen verstehen

Lesen Sie den Text und die Aufgaben 6 – 10. Sind die Aussagen ☐ Richtig oder ☐ Falsch ? Kreuzen Sie an.

Beispiel

0	Sofia Coppola ist mit Francis Ford Coppola verwandt.	☒ Richtig	☐ Falsch
6	Der Film „Lost in Translation" erzählt eine Geschichte aus den USA.	☐ Richtig	☐ Falsch
7	Sofia Coppola ist Schauspielerin.	☐ Richtig	☐ Falsch
8	John hat keine Zeit für Charlotte.	☐ Richtig	☐ Falsch
9	Charlotte und Bob sind verheiratet.	☐ Richtig	☐ Falsch
10	Bob ist Schauspieler.	☐ Richtig	☐ Falsch

Neu im Kino:

„Lost in Translation" – eine Entdeckung

Sofia Coppola, Tochter von Regisseur Francis Ford Coppola („Der Pate", „Apocalypse Now"), hat mit „Lost in Translation" einen wunderbaren Film gedreht. Sie erzählt in ihrem zweiten Film die Geschichte von zwei Menschen, die in einer fremden Kultur eine außergewöhnliche Freundschaft schließen. Das Werk wurde in den USA in kurzer Zeit zu einem Kultfilm. Sofia Coppola hat mit ihrer perfekten Regiearbeit viel zu diesem Erfolg beigetragen.

Die junge Charlotte (Scarlett Johansson) begleitet ihren Mann John (Giovanni Ribisi) auf eine Geschäftsreise nach Tokio. Der Fotograf hat viele Aufträge und arbeitet viel. Er kann sich kaum um seine junge Frau kümmern. Sie fühlt sich allein in der fremden Kultur und in dem fremden Land. Dem amerikanischen Schauspiel-Star Bob Harris (Bill Murray) geht es ähnlich. Müde und erschöpft macht er für viel Geld einen lächerlichen Werbespot für eine japanische Whiskey-Marke. Er ist über 20 Jahre verheiratet. Er telefoniert oft mit seiner Frau, aber die Beziehung ist nicht besonders gut. An der Bar im Hotel „Park Hyatt" treffen sich Charlotte und Bob. Sie kommen ins Gespräch und finden sich sofort sympathisch. Als John die Stadt mit seiner Kamera für ein paar Tage verlässt, entdecken Charlotte und Bob zusammen die Weltstadt Tokio. Am Schluss trennen sie sich, Bob flüstert Charlotte etwas ins Ohr. Für die Zuschauer bleiben seine letzten Worte ein Rätsel.

Training Test

A2B1

Teil 3 Kleinanzeigen lesen: Informationen suchen

Lesen Sie die Internet-Anzeigen und die Aufgaben 11 – 15. Welche Anzeige passt zu welcher Situation?
Für eine Aufgabe gibt es keine Lösung. Schreiben Sie hier den Buchstaben X.

Beispiel
0 Sie möchten ein billiges deutsches Wörterbuch kaufen. **Lösung:** b

Situation	0	11	12	13	14	15
Anzeige	b	☐	☐	☐	☐	☐

11 Sie wollen wissen: Was heißt das Wort „Kauderwelsch"? Wo finden Sie eine Antwort?
12 Ein Freund möchte in Deutschland Wirtschaft studieren und sucht ein Zimmer.
13 Sie möchten Ihrer Bekannten klassische Musik schenken.
14 Sie planen eine Reise nach Dresden und Leipzig. Sie möchten mehr über Sehenswürdigkeiten und Unterkunft wissen.
15 Sie möchten heute Abend fernsehen: Wo finden Sie das Programm „Deutsche Welle"?

---

www.unterwegs.com
Deutschland spezial Unser Tipp: Auf Goethes Spuren. Mitteldeutschland mit großer Städtetour durch Sachsen.
Ferien auf dem Land. Fragen Sie uns.
a

www.preis.de
Kaufen und Verkaufen Hier findest du alles:
Neu: Handys, Digi-Cameras, Mixer, Kaffeemaschinen
Gebraucht: Kunst und Klamotten, Baumaterial und Bücher
Aktion und Auktion
b

www.studius.org
Professionelle Ausbildung zum **Reiseleiter** oder zur **Reiseleiterin**:
Sie bekommen bei uns aktuelle Informationen über Politik, Wirtschaft und Gesellschaft eines Landes.
Einführung in kompetente Beratung (mit Praktikum).
c

www.uninfo.de
Wo ist's am besten? Wo am billigsten?
☺ Die aktuelle UNI-Hitparade
☺ Alles über das Studium
☺ Zimmervermittlung
☺ Mitfahrgelegenheit
☺ Lonely Hearts: Chat
d

www.wissi.de
Heiße Links fürs Studium
Hausarbeiten
Prüfungsvorbereitung
Wörterbücher
Suchen
e

www.cddc.com
CDCDCDCDCDCDCDCDCDCDCDCDCDCDCDCDCDCDC
Hier gibt's richtig Rabatt. Alles bis zu 20 % billiger.
Unser Wochenhit: Suchen: Musiker / Titel
Orchestre National
de Brabes   Zur Kasse ▶
f

www.tvfilm.org
DVD – Kino – Filme online
Den Film verpasst? Kein Problem.
Wir haben alle Filme auf DVD oder direkt online.
Was wir nicht haben, finden wir.
g

www.xund.biz
Gesund bleiben ohne Arzt
Tipps und Tricks für Ihre Gesundheit – Ernährung – Sport
Fragen Sie uns: info@xund.biz
h

Notieren Sie die Schlusszeit: _____ **Vergleichen Sie mit der Startzeit.**   **Zeit insgesamt:** _____
Bei *Start Deutsch 2* dauert dieser Prüfungsteil 20 Minuten.
Korrigieren Sie jetzt mit dem Lösungsschlüssel (S. 142). Jede richtige Antwort gibt einen Punkt.
Notieren Sie dann Ihr Ergebnis auf Seite 108.

hundertdrei | 103

A₂B₁ Training Test

Schreiben

Das kann ich:

☐ Ich kann persönliche Angaben in Formularen eintragen.

☐ Ich kann kurze, einfache Notizen machen.

☐ Ich kann mich mit einem einfachen Brief für etwas bedanken oder entschuldigen.

☐ Ich kann eigene Erlebnisse und Erfahrungen beschreiben.

☐ Ich kann mit einfachen Sätzen über die eigene Familie oder über meinen Wohnort schreiben.

☐ Ich kann mit einfachen Sätzen meine Ausbildung oder meine Arbeit beschreiben.

TEST

Der Test besteht aus zwei Teilen. Im ersten Teil (5 Punkte) müssen Sie Informationen in einem Formular ausfüllen. Im zweiten Teil (10 Punkte) müssen Sie eine kurze Mitteilung schreiben.
Sie haben für den ganzen schriftlichen Test ca. 25 Minuten Zeit. Sie dürfen kein Wörterbuch benutzen.

Notieren Sie jetzt die Startzeit.   Start: _____

Teil 1 Formulare ausfüllen

Sie sind mit ihrer Kollegin Susan Smith in der Schweiz. Susan hat im Zug den Geldbeutel, den sie eben gekauft hat, verloren. Sie gehen zur Polizei. Zum Glück hat ihre Kollegin ein paar Dokumente dabei und Sie haben Ihre Reisenotizen.
Schreiben Sie die fünf fehlenden Informationen in das Formular.

Hotel Edelweiß
Seilergraben 10 · 8000 Luzern

Name: Susan Smith
          USA
Zimmer: 108
Ankunft: 21.7.
Abreise: 31.7.

Quittung
1 Damen-Portemonnaie
braun   20 CHF
erhalten   50 CHF
zurück   30 CHF
Wir danken Ihnen für
Ihren Besuch

19.7.
Gestern sind wir von Frankreich in die Schweiz gekommen. Wir sind in Genf, eine tolle Stadt, aber hier sprechen alle Französisch. Übermorgen wollen wir dann weiter nach Luzern. Wir bleiben wahrscheinlich bis zum 1. August, dann muss Susan wieder nach Hause.

Verlustmeldung

Gegenstand: _Geldbeutel_ (0)

Farbe: _____ (1)   Wert: _20 CHF_

Familienname: _Smith_

Vorname: _Susan_

Für Ausländer/innen:

Herkunft: _____ (2)

Wohnsitz in der Schweiz: ja ☐   nein ☐ (3)

Zweck des Aufenthaltes: _Touristin._

Datum der Einreise in die Schweiz: _____ (4)

Adresse in der Schweiz: _____ (5)
                           _____
                           _____

Ausreise: _31. Juli oder 1. August_

---

104 | hundertvier

Training Test

A2B1

Teil 2 Eine Antwort schreiben

Sie bekommen eine Nachricht von Günther. Er hat vor einem Jahr bei Ihnen in der Firma ein Praktikum gemacht. Günther schreibt, dass er gern am 3. April vorbeikommen und Sie treffen möchte, wenn Sie Zeit und Lust haben. Er möchte auch Caroline wieder sehen, wenn sie noch in der Firma arbeitet.

Antworten Sie. Hier finden Sie vier Punkte. Wählen Sie **drei** aus. Scheiben Sie zu jedem Punkt ein bis zwei Sätze. Schreiben Sie etwa 40 Wörter.

- Termin frei am 3. April
- Günther allein oder mit Freundin
- Caroline im Ausland – neue Stelle
- Anreise: Zeit – Verkehrsmittel

Notieren Sie die Schlusszeit: _____ Vergleichen Sie mit der Startzeit. **Zeit insgesamt:** _____
Bei *Start Deutsch* 2 dauert dieser Prüfungsteil 25 Minuten.
Geben Sie Ihrem Lehrer / Ihrer Lehrerin den Text zum Korrigieren. Notieren Sie dann Ihr Ergebnis auf Seite 108.

A2B1 — Training Test

Sprechen

Das kann ich:

☐ Ich kann meinen Alltag beschreiben.

☐ Ich kann meine Ausbildung und meine Arbeit beschreiben.

☐ Ich kann über meine Person und meine Familie Auskunft geben.

☐ Ich kann ein persönliches Erlebnis oder eine einfache Geschichte erzählen.

☐ Ich kann sagen: Das mag ich oder das mag ich nicht.

☐ Ich kann mit anderen besprechen: Was wollen wir machen oder wohin wollen wir gehen?

☐ Ich kann Vorschläge machen und über einfache Probleme diskutieren.

TEST

Den Test Sprechen *Start Deutsch* 2 machen Sie mit einem Partner / einer Partnerin zusammen. Die mündliche Prüfung dauert etwa 15 Minuten und besteht aus 3 Teilen:

Teil 1   Sich vorstellen: ca. 5 Minuten, maximal 3 Punkte
Teil 2   Über den Tagesablauf sprechen: ca. 5 Minuten, max. 6 Punkte (je 3 Punkte für Fragen und Antworten)
Teil 3   Mit dem Partner / der Partner etwas planen oder aushandeln: mit schriftlicher Unterlage, zum Beispiel: Kalender, Einkaufszettel, … , ca. 5 Minuten, max. 6 Punkte (je 3 Punkte für Vorschläge und Reaktionen)

Teil 1 Sich vorstellen

A

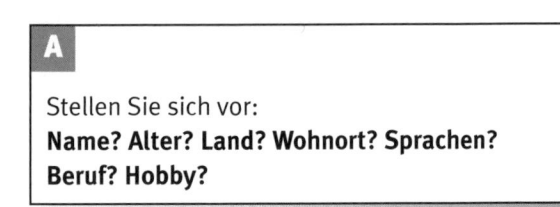

Stellen Sie sich vor:
Name? Alter? Land? Wohnort? Sprachen? Beruf? Hobby?

B

Hören Sie zu:
Ihr Partner / Ihre Partnerin stellt sich vor.
Stellen Sie dann zwei oder drei Fragen.

Bewerten Sie sich oder fragen Sie Ihren Lehrer / Ihre Lehrerin. Notieren Sie dann Ihr Ergebnis auf Seite 108.

Teil 2 Über den Tagesablauf sprechen

Sie wählen 3 Karten mit einer W-Frage. Stellen Sie Ihrem Partner / Ihrer Partnerin Fragen zum Thema „Tagesablauf", zum Beispiel: Was machst du am Morgen? ….

Thema: Tagesablauf	Thema: Tagesablauf	Thema: Tagesablauf	Thema: Tagesablauf
Was …?	Wo …?	Wohin …?	…?
Wann …?	Wie lange …?	Wie oft …?	…?

Bewerten Sie sich oder fragen Sie Ihren Lehrer / Ihre Lehrerin. Notieren Sie dann Ihr Ergebnis auf Seite 108.

Training Test

A2B1

Teil 3 Mit dem Partner / der Partnerin etwas planen oder aushandeln

A

Sie möchten mit Ihrem Partner / Ihrer Partnerin zum Festival „Deutscher Film gestern und heute": Das Festival findet vom 10. – 17. Oktober statt. Filme gibt es zwischen 15 und 17 Uhr und ab 20 Uhr.

Finden Sie einen gemeinsamen Termin. Benutzen Sie den Terminplan.
Sagen Sie auch, warum Sie nicht können, wenn Ihr Partner / Ihre Partnerin fragt.

Oktober			
9 Fr	8 Uhr Kurs: Projektmanagement		
10 Sa			20 Uhr Einladung bei Schneider
11 So		15.43 Ramona am Bahnhof abholen	
12 Mo	7 Uhr (!) Teamsitzung		Ramona
13 Di			Ramona, Abreise 22.17
14 Mi	10 Uhr Sitzung mit Peter + Mittagessen	17 Uhr Zahnarzt	
15 Do		14.30 – 15.30 Sitzung mit L.	
16 Fr			18 Uhr Jogging mit Rita???
17 Sa	9 Uhr Tennis		
18 So			

B

Sie möchten mit Ihrem Partner / Ihrer Partnerin zum Festival „Deutscher Film gestern und heute": Das Festival findet vom 10. – 17. Oktober statt. Filme gibt es zwischen 15 und 17 Uhr und ab 20 Uhr.

Finden Sie einen gemeinsamen Termin. Benutzen Sie den Terminplan.
Sagen Sie auch, warum Sie nicht können, wenn Ihr Partner / Ihre Partnerin fragt.

Oktober			
9 Fr	zurück aus Hamburg, Ankunft 22.46		
10 Sa	Musikkeller 21 Uhr: Gitarrenabend		
11 So			
12 Mo	8 Uhr Auto in Garage	ABHOLEN nach 18 Uhr 30 !!!	
13 Di	17–18.30 Uhr Präsentation bei Teams		
14 Mi	19–20.30 Uhr Spanisch, anschließend Restaurant!		
15 Do	13 Uhr Carmen (Mama mia)	15 Uhr Arzt	
16 Fr	einkaufen, Koffer packen		
17 Sa	Ferien →		
18 So			

Bewerten Sie sich oder fragen Sie Ihren Lehrer / Ihre Lehrerin.
Notieren Sie dann Ihr Ergebnis auf Seite 108.

hundertsieben | 107

A2 B1 Training Test

Test auswerten

Notieren Sie Ihre Punkte.

Resultate	Meine Punkte	Maximal
Hören 1		5
Hören 2		5
Hören 3		5
HÖREN		**15**

	Meine Punkte	Maximal
Schreiben 1		5
Schreiben 2		10
SCHREIBEN		**15**

Lesen 1		5
Lesen 2		5
Lesen 3		5
LESEN		**15**

Sprechen 1		3
Sprechen 2		6
Sprechen 3		6
SPRECHEN		**15**

Punkte mit Sprechen _____ x 1.66 = _____ (Beispiel: 47 x 1.66 = 70 Punkte)

Punkte ohne Sprechen _____ x 2.22 = _____

Wo stehen Sie? Markieren Sie.

Punkte
- 90 – 100 sehr gut ☐
- 80 – 89   gut   ☐
- 70 – 79   befriedigend ☐
- 60 – 69   ausreichend ☐
- 0 – 59   nicht ausreichend ☐

Wie geht es weiter?

Wie war es? Wie geht es weiter? Was wollen Sie anders machen? Schreiben Sie einen oder zwei Sätze auf Deutsch an die Tafel.

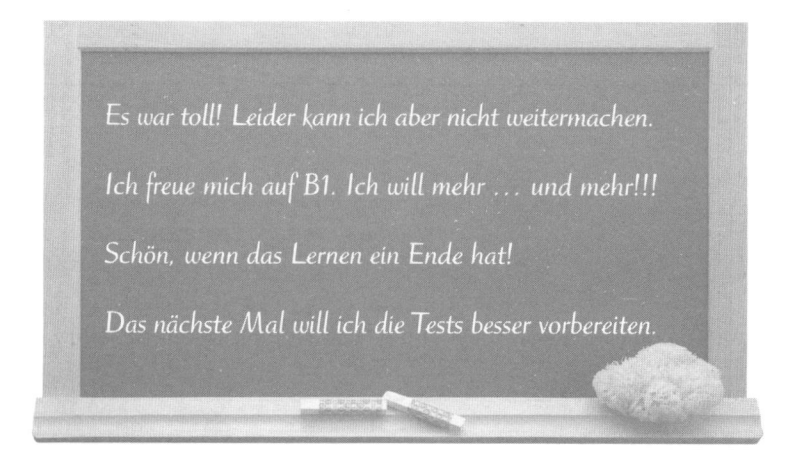

Es war toll! Leider kann ich aber nicht weitermachen.

Ich freue mich auf B1. Ich will mehr ... und mehr!!!

Schön, wenn das Lernen ein Ende hat!

Das nächste Mal will ich die Tests besser vorbereiten.

Redemittel

Ich hätte gern die „Tageszeitung".	1 Euro 50, bitte.
Wie teuer ist die Schokolade?	2 Franken 80.
Was kostet das Fahrrad?	1 000 Euro.

1	eins	12	**zwölf**	40	vierzig
2	zwei	13	dreizehn	50	fünfzig
3	drei	14	vierzehn	60	sechzig
4	vier	15	fünfzehn	70	siebzig
5	fünf	16	**sech**zehn	80	achtzig
6	sechs	17	**sieb**zehn	90	neunzig
7	sieben	18	achtzehn	100	hundert
8	acht	19	neunzehn	1000	tausend/eintausend
9	neun	20	**zwanzig**	1500	tausendfünfhundert
10	zehn	**21**	**ein**und**zwanzig**	2000	zweitausend
11	**elf**	30	dreißig		

100 000	hunderttausend
1 000 000	eine Million
1 500 000	eine Million fünfhunderttausend / eineinhalb Millionen
2 000 000	zwei Millionen

1 Euro (€) = 100 Cent
1 Franken (CHF) = 100 Rappen

Wie viele Leute machen das?	27 Prozent.
	Etwas mehr als ein Viertel.
Wollen das alle?	Nein, nicht alle, etwa 75 Prozent.
Wie viele Einpersonenhaushalte gibt es hier?	Etwas ein Drittel. Genau 36% sind Einpersonenhaushalte.
Sind alle dagegen?	Ja, alle. 100 Prozent (100%).
Wie viele kommen mit?	Nicht alle. Etwa 75 Prozent. Drei Viertel.
Wer ist dafür?	50 Prozent. Genau die Hälfte.
Und wie viele wollen das?	Nur wenige. Etwa 25 Prozent. Ein Viertel.
	Niemand. Null Prozent.

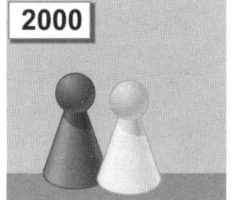

Wie spät ist es?	9. 30 (Neun Uhr dreißig).
Wann kommst du zurück?	Um Viertel nach drei.
Wann komme ich in Bern an?	Um 23.48 Uhr.
Muss ich umsteigen?	Nein, der Zug fährt direkt bis Bern.
Und wann fährt der nächste (Zug)?	In einer Stunde. Um 22.15 Uhr.

Bahnhof
Stuttgart Hbf
Zürich Hbf
Zürich Hbf
Bern

hundertneun | 109

Redemittel

Wann musst du aufstehen?	**Ich muss um 6.00 Uhr aufstehen.**
Und wann frühstückst du?	**Um 6.30 Uhr.**

Wann gehst du aus dem Haus?	Um sieben.
Wann nimmst du den Bus?	Um zehn nach sieben.
Von wann bis wann machst du (die) Mittagspause?	Von zwölf bis eins.
Wie lange arbeitest du am Nachmittag?	Bis (um) fünf.
Wann gehst du schlafen?	Ich gehe zwischen elf und zwölf ins Bett.
Arbeitest du oft am Computer?	Täglich acht Stunden!
Wann hörst du besonders gern Radio?	Bei der Arbeit.
Wie informierst du dich?	Ich lese jeden Morgen die Zeitung.
	Ich sehe mir die Nachrichten im Fernsehen an.

Ich stehe immer um 6 Uhr auf. Ich dusche, putze die Zähne und frühstücke.
Um 7 gehe ich aus dem Haus. Mein Bus fährt um 10 nach 7.
Ich arbeite vormittags von 8 bis 12. Dann habe ich eine Stunde Mittagspause. Danach ...

	offiziell	**inoffiziell**
7.00/19.00	sieben/neunzehn Uhr	sieben (Uhr)
7.05/19.05	sieben/neunzehn Uhr fünf	fünf nach sieben
7.15/19.15	sieben/neunzehn Uhr fünfzehn	Viertel nach sieben
7.30/19.30	sieben/neunzehn Uhr dreißig	halb acht
7.45/19.45	sieben/neunzehn Uhr fünfundvierzig	Viertel vor acht

Wann hast du Geburtstag?	**Im Juli. Am 10. Juli.**
Wann ist das Fest?	**Im Frühling. Am 23. April.**

Der Wievielte ist heute?	Heute ist der zehnte September.
Wann kommen Sie wieder?	Am 13. September, am Abend spät.
Und wie lange bleiben Sie?	Eine Woche. Bis zum 20. September.

der	der		der
	10. zehnte	20. zwanzigste	30. dreißigste
1. erste	11. elfte	21. einundzwanzigste	31. einunddreißigste
2. zweite	12. zwölfte	22. zweiundzwanzigste	...
3. dritte	13. dreizehnte	23. dreiundzwanzigste	
4. vierte	14. vierzehnte	24. vierundzwanzigste	
5. fünfte	15. fünfzehnte	25. fünfundzwanzigste	
6. sechste	16. sechzehnte	26. sechsundzwanzigste	
7. siebte	17. siebzehnte	27. siebenundzwanzigste	
8. achte	18. achtzehnte	28. achtundzwanzigste	
9. neunte	19. neunzehnte	29. neunundzwanzigste	

im	Frühling/Sommer/Herbst/Winter
im	Januar/Februar/März/April/Mai/Juni/Juli/August/September/Oktober/November/Dezember
am	Montag/Dienstag/Mittwoch/Donnerstag/Freitag/Samstag/Sonntag
am	Wochenende
am	Morgen/Vormittag/Mittag/Nachmittag/Abend
⚠	in der Nacht

Geht es bei Ihnen um zwölf? Haben Sie heute Vormittag Zeit? Treffen wir uns um zwei?	Nein, um zwölf kann ich leider nicht. Oh, der Vormittag passt mir überhaupt nicht. Ja, das passt mir gut.

Di 6. Juli
9.00
11.00 Chef: Konferenzzimmer

Vorschlag
Kannst du morgen Abend?
Treffen wir uns morgen Abend?
Geht es bei dir um vier Uhr?
Hast du morgen Abend um acht Zeit?

Zusage
Ja, wann?
Ja, das ist gut.
Ja, das passt mir gut.
Morgen Abend kann ich.

Absage
Nein, leider nicht.
Nein, morgen kann ich leider nicht.
Es tut mir Leid, aber morgen geht es nicht.
Am Abend habe ich keine Zeit.

Gegenvorschlag
Wann hast du denn Zeit?
Passt der Dienstag?
Geht es am Nachmittag?
Treffen wir uns um fünf?

Wann war das? Wie lange hat das gedauert?	1989 / Im Jahre 1989. 1989. Am neunten Dezember. 6 Jahre, von 1992 bis 1998.

Wann war das?

Wann ist das?
Wann bist du geboren?

Wann war das?
Und wann genau?
Was ist dann passiert?
Und was haben Sie dann gemacht?

Wann ist das passiert?

Wann war das?

1848/Achtzehnhundert(und)achtundvierzig.
2001/Zweitausend(und)eins.
2010/Zweitausend(und)zehn.
(Ich bin) 1989 (geboren), am 15. Juli 1989.

Das war am 9. November 1989.
Um 19 Uhr haben wir die Nachricht gehört.
Wir sind zur Grenze gefahren.
Wir haben gefeiert.

Als ich zum ersten Mal in ... war.
Vor fünf Jahren / Letztes Jahr.
In den dreißiger Jahren.
Nach dem Krieg.

Wie heißen Sie? Wann sind Sie geboren? Und wo wohnen Sie? Sind Sie verheiratet?	Ich heiße Günter Schmid. Ich bin 1979 geboren. Ich wohne in Düsseldorf. Nein, ich bin ledig.

Geburtsdatum: 16.04.1979

Geburtsort: Düsseldorf   **Land:** Bundesrepublik Deutschland

Familienstand: ledig/verheiratet/geschieden

Wo bist du aufgewachsen?
Wo wohnst du heute?

Ich bin in Düsseldorf aufgewachsen.
Ich wohne in Köln.

hundertelf | 111

Redemittel

Welche Schulen hast du besucht?	**Zuerst habe ich die Grundschule in Bregenz besucht. Dann habe ich ein Gymnasium besucht.**
Was für eine Ausbildung machst du?	**Ich mache eine Lehre.**
Wie lange hat die Ausbildung gedauert?	**Drei Jahre, und dann habe ich ein Praktikum gemacht.**

Wie sieht ein typischer Schultag aus?	Der Unterricht fängt um 8.00 Uhr an. Wir haben meist bis 13 Uhr Schule.
Wie lange hast du Schule?	Zweimal pro Woche bis 13.30 Uhr.
Und wo bist du zur Schule gegangen?	Ich bin in Bregenz zur Schule gegangen.
Was hast du nach der Schule gemacht?	Zuerst habe ich eine Lehre gemacht. Dann ...
Wo studieren Sie?	Ich studiere an der Universität in Düsseldorf.
Wie finanzieren Sie Ihr Studium?	Ich arbeite zwanzig Stunden pro Woche.
Was ist dein Traum?	Ich möchte einmal nach Lateinamerika fahren.
Hast du einen Traum?	Ja. Ich möchte einmal Stewardess werden.
Was möchtest du mal machen?	Ich möchte später einmal eine Weltreise machen.

Wo arbeiten Sie?	**Ich arbeite bei der Firma Rad-Rapid. Ich habe im Moment keine Arbeit. Ich bin arbeitslos.**
Was macht die Firma?	**Unsere Firma macht Kurierdienste.**

Seit wann arbeitest du dort?	Seit zwei Jahren, vorher habe ich ...
Was machst du genau?	Wenn ich um 7 Uhr ankomme, muss ich zuerst ...
Was gefällt dir an deinem Job?	Das Gute ist, dass wir ein gutes Arbeitsklima haben. Das Schlechte ist ...
Wo hast du gearbeitet?	In einem Krankenhaus. In einer Fabrik.
Was hast du da gemacht?	Ich habe als Krankenpfleger gearbeitet. Ich war Angestellte bei Mercedes.
Wie viel arbeitest du pro Tag/Woche?	Sechs Stunden. Zwei Tage in der Woche.
Wie viel Urlaub hast du?	Vier Wochen.

Wie funktioniert das?	**Zuerst muss man das Kabel einstecken.**
Und dann?	**Dann musst du auf „On" drücken.**
Ist das alles?	**Ja, ganz einfach!**

Wie geht das?	Das ist ganz einfach. Zuerst nimmst du ... und dann ...
Was braucht man dazu?	Du brauchst einen Computer, ein Kabel und ...
Ich möchte die Datei speichern. Was muss ich machen?	Du musst die Datei anklicken und dann ...

Reisen Sie gern?	**Ja, sehr gern. Mein Traum ist eine Reise nach Lateinamerika.**
Und wie reisen Sie am liebsten?	**Mit dem Zug.**

Warum reisen Sie?	Ich reise viel, weil ich gern Menschen treffe.
Warum reisen Sie nicht mehr gern?	Weil es keinen Spaß mehr macht.
Wie reisen die Leute in Ihrem Land?	Bei uns reisen die meisten Leute mit dem Bus, weil …
Ich finde, Zug fahren ist bequemer und viel sicherer.	Das finde ich auch.

Zug fahren hat den Vorteil, dass ich nie im Stau stehe.
Ich kann ohne Auto nicht leben, weil ich in der Stadt einkaufen muss.
Für mich ist auch wichtig, dass der Zug einfach viel ökologischer ist als das Auto.
Ein Nachteil ist, dass das nicht billig ist.
Ich finde auch, dass Auto fahren viel praktischer ist als Zug fahren.
Ich bin nicht gegen das Auto. Aber Zug fahren ist bequemer.

Entschuldigung, wo ist die 2. Klasse?	**Ganz vorne.**
Und der Speisewagen?	**In der Mitte.**
Ich suche die Touristeninformation.	**Sehen Sie da vorne das Schild? Da links ist die Touristeninformation.**

Ich suche die S-Bahn, bitte.	Sehen Sie den Kiosk? Gehen Sie da die Treppe runter.
Entschuldigung, wo kann ich hier einkaufen?	Sehen Sie da vorne links das Schild? Da bekommen Sie alles.
Wie komme ich zum Hauptbahnhof?	Das ist ganz einfach. Am besten nehmen Sie den Bus Nr. 10.

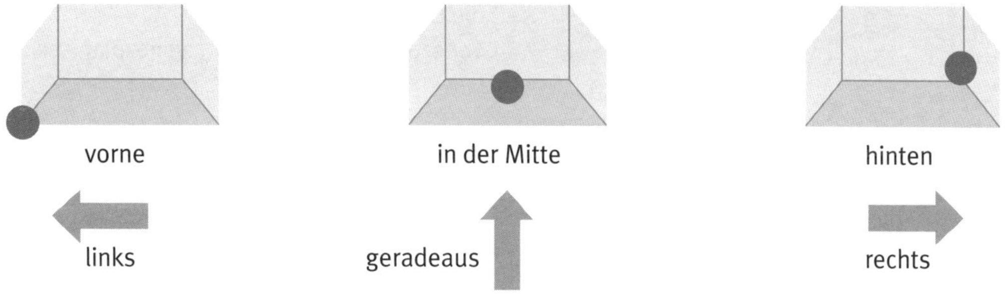

vorne   in der Mitte   hinten

links   geradeaus   rechts

Welche Sprachen sprichst du?	**Ich spreche drei Sprachen: Spanisch, Englisch und Deutsch.**
Wo hast du die Sprachen gelernt?	**Zu Hause haben wir Spanisch gesprochen. In der Schule habe ich …**

Was spricht man bei euch in der Schule?	Dort spricht man Französisch, aber auf der Straße …
Was sprecht ihr in der Familie?	Wir sprechen Deutsch, denn meine Eltern …
Welche Sprachen sprichst du mit deinen Freunden?	Wenn ich meine alten Freunde treffe, spreche ich …

hundertdreizehn | 113

Redemittel

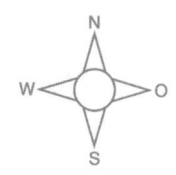

Woher kommen Sie?	Aus Südamerika. Aus Mexiko.
Und wo wohnen Sie?	Ich wohne in Mexiko, in Puebla.
Und wo liegt das.	Im Süden.
Und welche Sprachen sprechen Sie?	Spanisch und Englisch.

Und wohin fahren Sie in Urlaub?	Nach Portugal.
Wohin fliegst du?	In die Schweiz.

Kontinente
Afrika	afrikanisch
Asien	asiatisch
Australien	australisch
Europa	europäisch
Nordamerika	nordamerikanisch
Südamerika	südamerikanisch

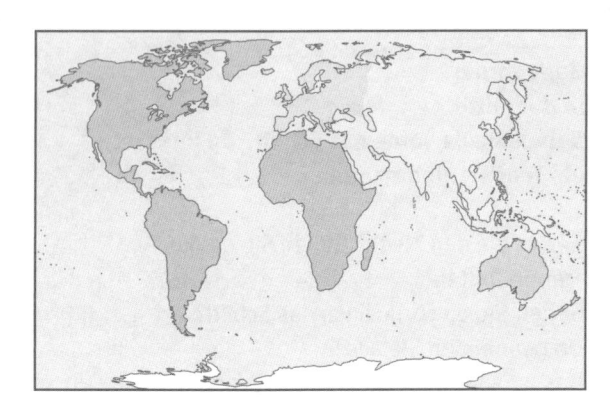

Länder
Deutschland	deutsch
Österreich	österreichisch
die Schweiz	schweizerisch
Brasilien	brasilianisch
China	chinesisch
Frankreich	französisch
Griechenland	griechisch
Indien	indisch
der Iran	iranisch
Italien	italienisch
Mexiko	mexikanisch
die Niederlande (Plural)	niederländisch
Polen	polnisch
Russland	russisch
die Slowakische Republik	slowakisch
Slowenien	slowenisch
Spanien	spanisch
Taiwan	taiwanesisch
die Tschechische Republik	tschechisch
die Türkei	türkisch
Ungarn	ungarisch
die USA (Plural)	
Venezuela	venezolanisch

Woher kommst du?	**Wo wohnst du?**	**Wo liegt das?**	**Wohin fährst du?**
aus Afrika	in Afrika	im Norden	nach Afrika
aus Tunesien	in Tunesien	im Süden	nach Tunesien
		im Osten	
aus der Schweiz	in der Schweiz	im Westen	in die Schweiz
aus den USA	in den USA	im Zentrum	in die USA

Und welche Farbe haben deine Träume?	Ich träume bunt.
Und wie ist das Meer dort?	Blau, hellblau und sauber.

rot – weiß – grün – gelb – schwarz – blau – orange – violett – braun – grau

Was machen wir jetzt?	Wir können eine Stadtrundfahrt machen.
Möchtest du ins Kino?	Nein, lieber nicht. Ich muss arbeiten.
Hast du heute Abend Zeit?	Ja natürlich.
Ich gehe ins Konzert. Kommst du mit?	Sehr gern. Wann treffen wir uns?

Hast du Lust auf eine Bootsfahrt?

Gute Idee!
Prima.
Mir ist es egal.
Ich weiß nicht.
Einverstanden.
Nein, auf keinen Fall!

Gehen wir lieber ins Museum.

Was soll ich denn anziehen?	Zieh doch die blaue Jacke an.
Geht das so?	Ja, das sieht gut aus.

Was soll ich denn anziehen?
Passt das blaue Hemd?
Und wie findest du die Ohrringe?
Du siehst toll aus!

Du könntest das dunkle Sakko anziehen.
Nein, das geht nicht. Zieh lieber die Jacke an.
Die sehen sehr schön aus.
Danke.

Ich möchte Leute kennen lernen.	Geh immer ins gleiche Restaurant.
Was soll ich machen?	

Wie kann man Kontakt finden?

Wenn du Sport magst, dann such dir eine Sportgruppe oder einen Sportverein.

Ich verstehe die Leute nicht.
Was soll ich machen?
Wie hast du Leute kennen gelernt?

Du musst bitten, dass man langsam spricht.
Du musst immer sofort nachfragen.
Ich bin immer wieder an den gleichen Ort gegangen.
Geh einfach immer wieder an den gleichen Ort.

Hallo, Gabi.	**Hallo, Martina. Wie geht's?**
Guten Tag, Frau Huber.	**Guten Tag, Frau Becker. Wie geht es Ihnen?**
Wie heißen Sie?	**Mein Name ist Sara Becker.**
Auf Wiedersehen!	**Bis bald.**
Tschau!	**Tschüs!**

Guten Tag, Frau Huber.
Danke gut. Und Ihnen?

Guten Tag, Frau Becker. Wie geht es Ihnen?
Danke, es geht. Was machen Sie heute?

Hallo, Gabi!
Wie geht es dir?

Hallo, Sara!
Nicht so gut. Mir geht es schlecht.

Schade, dass ihr schon fahren müsst.
Auf Wiedersehen, es war schön.

Ja, aber wir kommen ja wieder.
Mach's gut! Bis bald!

Redemittel

Frau Born, darf ich Ihnen Herrn Hajek vorstellen?	**Freut mich.**
Entschuldigung, wie heißen Sie?	**Hajek, Christoph Hajek.**

Kennt ihr euch? — Nein, noch nicht.
Das ist Lisa, meine Schwester. — Und wer bist du?
Ich bin Sibylle, eine Schulfreundin von Christine. — Guten Abend. Freut mich.

Kennen Sie sich schon? Das ist Frau Gerstenmeier. — Freut mich sehr.
Das sind Herr und Frau Frischmuth. — Angenehm.

Herzlichen Glückwunsch!	**Danke.**
Alles Gute!	**Danke schön.**
Kompliment!	**Danke vielmals!**
Super!	**Wirklich?**

Herzlichen Glückwunsch zum Geburtstag! — Danke.
Alles Gute und viel Glück. — Vielen Dank.

Kompliment! Das Hemd steht dir gut! — Danke!
Du siehst toll aus. — Das freut mich.

Ich habe Hunger. Und du?	**Ich auch. Und ich habe Durst.**
Gehen wir ins Restaurant?	**Einverstanden.**

Haben Sie auch etwas Warmes? — Aber sicher. Hähnchen oder Hot Dog?
Und zwei Flaschen Bier. — Hier, bitte!

Guten Appetit! — Danke. Ihnen auch.
Zum Wohl! — Prost!
Schmeckt's? — Das Essen ist super!

(Be)zahlen bitte! — Ich komme gleich.
Kann ich mit Schweizer Franken bezahlen? — Aber sicher, kein Problem.

Wir haben Chicken Wings gegessen!	**Wie bitte? Was habt ihr gegessen?**
Chicken Wings! Verstehen Sie mich?	**Was ist das? Können Sie das buchstabieren?**
Dawitt spricht kein Deutsch. Kann ich helfen?	**Ja gern. Können Sie Dawitt bitte sagen, dass wir ins Kino gehen?**

Was haben Sie gesagt? — Chicken Wings.
Können Sie mir das erklären? — Chicken heißt Huhn und Wing heißt Flügel.
Habe ich Sie richtig verstanden?
Dann sind Chicken Wings „Hühnerflügel"? — Ja genau. Hühnerflügel.

„Perdre"? Wie heißt das auf Deutsch? — Das heißt auf Deutsch „verlieren".

| Was gehört zu einer Familie? | Zu einer Familie gehören Kinder. |
| Was ist für dich ein Freund? | Ein Freund ist für mich da, wenn ich ihn brauche. Wir reden miteinander über alles. |

Was gehört zu einer Familie?	Ich finde, zu einer richtigen Familie gehören viele Kinder.
Ist eine kleine Familie nicht besser? Was findest du?	Eine kleine Familie ist besser, da haben die Eltern mehr Zeit.
Wie war das früher bei euch?	Früher waren bei uns die Familien größer.
Was hat sich verändert?	Die Familien sind kleiner geworden.
Wie ist das heute?	Ich lebe zusammen mit Freunden in einer WG.
Wie oft siehst du deinen Freund?	Oft, weil wir regelmäßig Tennis spielen.
Wie lange kennt ihr euch schon?	Wir kennen uns schon seit zwanzig Jahren.
Gibt es auch Probleme?	Ja, wir streiten manchmal.

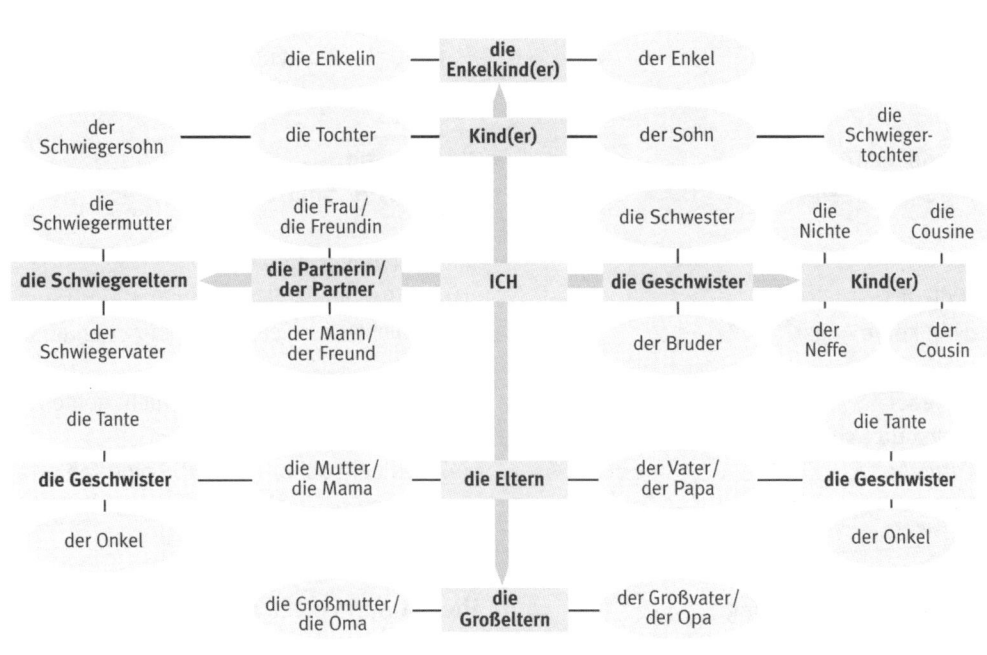

```
                    die Enkelin ── die Enkelkind(er) ── der Enkel

  der Schwiegersohn ── die Tochter ── Kind(er) ── der Sohn ── die Schwiegertochter

  die Schwiegermutter    die Frau/die Freundin         die Schwester    die Nichte   die Cousine
        │                      │                            │              │
  die Schwiegereltern ── die Partnerin/der Partner ── ICH ── die Geschwister ── Kind(er)
        │                      │                            │              │
  der Schwiegervater     der Mann/der Freund                der Bruder     der Neffe   der Cousin

        die Tante                                                         die Tante
           │                                                                 │
  die Geschwister ── die Mutter/die Mama ── die Eltern ── der Vater/der Papa ── die Geschwister
           │                                                                 │
        der Onkel                                                         der Onkel

                    die Großmutter/die Oma ── die Großeltern ── der Großvater/der Opa
```

| Der Mann mit dem Mantel, wer ist das? | Da links? Das ist mein Bruder. |
| Und die Frau mit der roten Bluse? | Das ist die Frau von meinem Bruder. |

Wer ist das mit der Brille?	Das ist meine Schwester.
Und der Mann mit dem Bart?	Das ist mein Onkel.

Auf dem Foto sieht man auch die Großmutter und den Großvater. Das ist der mit den blauen Augen und den grauen Haaren.

Auf dem Bild vorne sind unsere Kinder. Links ist Petra. Das ist die Blonde mit den Ohrringen. Und rechts ist Franz. Der mit dem Hemd und der dunklen Krawatte.

| Was ist das da vorne? | Das ist ein Elektrofahrrad. |
| Ist das da oben an der Decke ein Spiegel? | Ja genau, das ist ein Spiegel. |

Redemittel

Bist du einverstanden, dass man im Restaurant nicht mit dem Handy telefonieren darf? Und Sie? Was denken Sie?	Nein, da bin ich nicht einverstanden. Ich finde das nicht gut.

Ich finde, die sollen rausgehen, wenn sie telefonieren wollen.
Und du? Bist du dafür?
Ich finde, man soll niemanden stören.

Da bin ich nicht einverstanden.

Nein, ich bin dagegen.
Einverstanden, das finde ich auch.

Petra und Uwe heiraten? Das kann ich nicht glauben!	Ich finde es toll, dass sie heiraten. Ich freue mich für sie.
Andreas kann vielleicht nicht zur Hochzeit kommen!	Das ist aber blöd! So ein Mist!

Wie findest du die Musik?

Toll! Super!
Es geht. Nicht so gut.

Wie fühlst du dich? Haben Sie Schmerzen?	Nicht so gut. Ja, ich habe Zahnschmerzen

Wie geht es dir?
Wie fühlst du dich?
Hast du denn keine Angst?

Ich bin ein bisschen nervös.
Ich freue mich, weil das immer mein Traum war.
Angst nicht, aber ich bin ein bisschen unsicher.

Haben Sie Fieber?
Seit wann hast du Schmerzen?
Du musst zum Arzt.

Das weiß ich nicht. Ich habe nicht gemessen.
Seit heute Morgen.
Nein, es geht schon. Ich habe eine Tablette genommen.

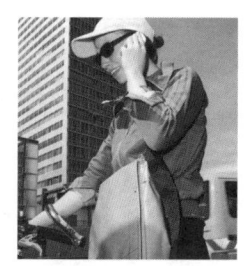

Michelle Schneider, guten Tag. Hallo!	Hier ist Karl Weber, guten Tag, Frau Schneider. Hallo, Peter, hier ist Linda.

Begrüßen

Linda Gerber.
Hallo, Linda! Hier ist Paul.
Guten Tag, Rad-Rapid, Michelle Schneider.
Hier ist Felix Hammer, Werbe-Agentur Ad-weiß.

Sich informieren

Ist Mario da?
Kann ich Frau Weber sprechen?
Können Sie mir helfen? Ich brauche …

Nachfragen

Wie bitte? Wen möchten Sie sprechen?
Kannst du das noch einmal wiederholen?
Mario ist leider nicht da. Kann ich ihm was sagen?

Sich verabschieden

Tschüs. Bis dann. Und einen schönen Gruß an Mario.
Auf Wiederhören.

Liebe Petra,
vielen Dank für deinen Brief. Ich möchte ...

Ort – Datum   Hamburg, 12. August 2012

Anrede
Liebe Kim,
Lieber Raoul,
Sehr geehrter Herr Meier,
Sehr geehrte Frau Meier,
Sehr geehrte Damen und Herren,

Dank   vielen Dank für deine Karte.
ich danke Ihnen für die Einladung.

Gratulation   herzliche Glückwünsche zum Geburtstag.
ich gratuliere dir zum Geburtstag.

Absage   leider kann ich nicht kommen.
es tut uns Leid, dass wir nicht kommen können.

Zusage   ich freue mich auf deine Party.
wir kommen gern zu Ihrem Fest.

Fragen   kann ich bei dir übernachten?
könnten Sie für mich ein Zimmer reservieren?
kannst du mir helfen?
könnten Sie mir einen Tipp geben?
mein Freund aus Chile ist zu Besuch. Kann er mitkommen?

Grüße
Bis bald
Liebe Grüße aus ...
Herzliche Grüße
Mit freundlichen Grüßen

Unterschrift

Grammatik

Verb und Subjekt: Konjugation Präsens

jetzt
ich sage,
du findest, …

	regelmäßig	unregelmäßig			
	sagen	finden	sprechen	schlafen	mögen
Singular					
ich	sage	finde	spreche	schlafe	**mag**
du	sagst	findest	sprichst	schläfst	magst
Sie	sagen	finden	sprechen	schlafen	mögen
er/es/sie	sagt	findet	spricht	schläft	**mag**
Plural					
wir	sagen	finden	sprechen	schlafen	mögen
ihr	sagt	findet	sprecht	schlaft	mögt
Sie	sagen	finden	sprechen	schlafen	mögen
sie	sagen	finden	sprechen	schlafen	mögen

Modalverben

jetzt
du kannst, du
willst, du musst,
…

	können	müssen	dürfen	wollen	sollen	möcht-
Singular						
ich	kann	muss	darf	will	soll	möchte
du	kannst	musst	darfst	willst	sollst	möchtest
Sie	können	müssen	dürfen	wollen	sollen	möchten
er/es/sie	kann	muss	darf	will	soll	möchte
Plural						
wir	können	müssen	dürfen	wollen	sollen	möchten
ihr	könnt	müsst	dürft	wollt	sollt	möchtet
Sie	können	müssen	dürfen	wollen	sollen	möchten
sie	können	müssen	dürfen	wollen	sollen	möchten

	haben	werden	sein
	haben	werden	sein
Singular			
ich	hab**e**	werd**e**	bin
du	ha**st**	wir**st**	bist
Sie	hab**en**	werd**en**	sind
er/es/sie	ha**t**	wir**d**	ist
Plural			
wir	hab**en**	werd**en**	sind
ihr	hab**t**	werd**et**	seid
Sie	hab**en**	werd**en**	sind
sie	hab**en**	werd**en**	sind

jetzt
Gundi wird Mitarbeiterin bei Amnesty. Ihr Traum wird wahr.

Verb und Subjekt: Konjugation Perfekt

Man bildet das Perfekt mit den Formen von „haben" oder „sein" und dem Partizip II. Verben mit der Bedeutung „Bewegung zu einem Ziel" oder „Veränderung" bilden das Perfekt mit „sein".

		Satzklammer		Infinitiv → Partizip II
Chantal	hat	heute noch nichts	gesagt.	regelmäßig: sagen → **ge**sag**t**
Ich	bin	auf den Markt	gegangen.	unregelmäßig: gehen → **ge**gang**en**
Peter	hat	lange	studiert.	Verben auf „-ieren": studieren → studier**t**
Sie	hat	dich nicht	verstanden.	nicht trennbare Verben: ver<u>ste</u>hen → verstanden
Chantal	ist	in Südfrankreich	aufgewachsen.	trennbare Verben: <u>auf</u>wachsen → auf**ge**wachs**en**

früher
Sie hat studiert.

→ K 1

hunderteinundzwanzig | 121

Grammatik

Verb und Subjekt: Konjugation Präteritum

Über Vergangenes sprechen: Einige Verben wie „sagen", „kommen", „geben", die Modalverben und die Verben „sein" und „haben" werden fast immer im Präteritum verwendet.

früher
Er kam und sah:
Es gab nichts.

→ K 5

regelmäßig

	sagen
ich	sagt **e**
du	sagt **est**
Sie	sagt **en**
er/es/sie	sagt **e**
wir	sagt **en**
ihr	sagt **et**
Sie	sagt **en**
sie	sagt **en**

unregelmäßig

kommen	gebe
kam	gab
kam **st**	gab **st**
kam **en**	gab **en**
kam	gab
kam **en**	gab **en**
kam **t**	gab **t**
kam **en**	gab **en**
kam **en**	gab **en**

Modalverben

früher
Ich wollte dich anrufen, aber ich konnte nicht.

→ K 2

	können	müssen	dürfen	wollen	sollen
Singular					
ich	konn**te**	muss**te**	durf**te**	woll**te**	soll**te**
du	konn**test**	muss**test**	durf**test**	woll**test**	soll**test**
Sie	konn**ten**	muss**ten**	durf**ten**	woll**ten**	soll**ten**
er/es/sie	konn**te**	muss**te**	durf**te**	woll**te**	soll**te**
Plural					
wir	konn**ten**	muss**ten**	durf**ten**	woll**ten**	soll**ten**
ihr	konn**tet**	muss**tet**	durf**tet**	woll**tet**	soll**tet**
Sie	konn**ten**	muss**ten**	durf**ten**	woll**ten**	soll**ten**
sie	konn**ten**	muss**ten**	durf**ten**	woll**ten**	soll**ten**

	haben	werden	sein
Singular			
ich	hatte	wurde	war
du	hattest	wurdest	warst
Sie	hatten	wurden	waren
er/es/sie	hatte	wurde	war
Plural			
wir	hatten	wurden	waren
ihr	hattet	wurdet	wart
Sie	hatten	wurden	waren
sie	hatten	wurden	waren

früher
Vor vielen Jahren wurde Gundis Traum wahr.

→ K 2

Verb und Subjekt: Konjugation Konjunktiv II

	haben	können	werden
ich	hätte	könnte	würde
du	hättest	könntest	würdest
Sie	hätten	könnten	würden
er/es/sie	hätte	könnte	würde
wir	hätten	könnten	würden
ihr	hättet	könntet	würdet
Sie	hätten	könnten	würden
sie	hätten	könnten	würden

Ich hätte gerne noch einen Tee.

→ K 11

„würde" + Infinitiv
Bei den Verben „haben", „sein" und den Modalverben verwendet man die Formen vom Konjunktiv II.
Bei allen anderen Verben bildet man den Konjunktiv II mit der Ersatzform **„würde" + Infinitiv**: ich würde kaufen, du würdest kaufen, ...

Hättest du heute Zeit? Ich **würde** gerne in die Stadt **gehen**. **Könntest** du mitkommen?

Ich würde gerne zahlen.

Reziproke Verben

Reziprokpronomen

Wir kennen **uns**. Kennt **ihr euch**? Kennen **sie sich**? Kennen **Sie sich**?
sich kennen, sich kennen lernen, sich gern haben, sich sehen, sich treffen

Wir kennen uns gut.

→ K 6

hundertdreiundzwanzig | **123**

Grammatik

Substantiv: Plural-Endungen

(")-e	-n	-(n)en
das Bein – die Bein**e**	die Brücke – die Brück**en**	die Zeitung – die Zeitung**en**
der Traum – die Tr**äu**m**e**	die Woche – die Woch**en**	die Kundin – die Kundin**nen**

(")-er	(")☐	-s
das Bild – die Bild**er**	der Koffer – die Koffer	das Auto – die Auto**s**
das Buch – die B**ü**ch**er**	die Mutter – die M**ü**tter	das Restaurant – die Restaurant**s**

→ K 3

Artikelwörter

Demonstrativ-Artikel „dieser, dieses, diese"

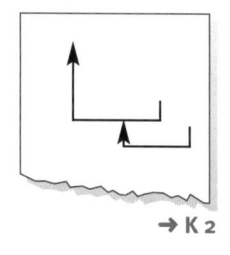

Singular	maskulin	neutrum	feminin	Plural
Nominativ	dieser Traum / der	dieses Bild / das	diese Reise / die	diese Träume / die
Akkusativ	diesen Traum / den	dieses Bild / das	diese Reise / die	diese Träume / die
Dativ	diesem Traum / dem	diesem Bild / dem	dieser Reise / der	diesen Träumen / den

→ K 2

Gundi Görg hat schon als Kind <u>von Lateinamerika geträumt</u>. Und sie hat **diesen Traum** immer wieder gehabt.

Possessiv-Artikel

Personalpronomen	ich	du	Sie	er	es	sie	wir	ihr	Sie	sie
Possessiv-Artikel	mein-	dein-	Ihr-	sein-	sein-	ihr-	unser-	euer-	Ihr-	ihr-

Sie fährt mit ihrem Fahrrad.
→ K 7

Possessiv-Artikel: Deklination

Singular	maskulin	neutrum	feminin	Plural
Nominativ	Das ist mein Stadtplan.	Das ist mein Büro.	Das ist mein**e** Tasche.	Das sind mein**e** Mitarbeiter.
Akkusativ	Ich suche mein**en** Stadtplan.	Kennen Sie mein Büro?	Ich suche mein**e** Tasche.	Kennen Sie mein**e** Mitarbeiter?
Dativ	Ich suche auf mein**em** Stadtplan.	Die Sachen sind in mein**em** Büro.	Die Karte ist in mein**er** Tasche	Das geht nur mit mein**en** Mitarbeitern.

Pronomen

Artikelwörter als Pronomen: Deklination

Nominativ

	Artikelwort „ein-", „kein-" / „mein-" ...		Artikelwort als Pronomen	
Das ist	(k)ein/mein Auftrag.	Das ist	(k)ein**er**/mein**er**.	d**er**
Das ist	(k)ein/mein Buch.	Das ist	(k)ein**s**/mein**s**.	da**s**
Das ist	(k)eine/meine Tasche.	Das ist	(k)ein**e**/mein**e**.	di**e**
Das sind	keine/meine Fahrräder.	Das sind	kein**e**/welch**e**/mein**e**.	di**e**

Akkusativ

	Artikelwort „ein-", „kein-", „mein-"		Artikelwort als Pronomen	
Nimm bitte	(k)einen/meinen Auftrag.	Nimm bitte	(k)ein**en**/mein**en**.	de**n**
Nimm bitte	(k)ein/mein Buch.	Nimm bitte	(k)ein**s**/mein**s**.	da**s**
Nimm bitte	(k)eine/meine Tasche.	Nimm bitte	(k)ein**e**/mein**e**.	di**e**
Nimm bitte	keine/meine Fahrräder.	Nimm bitte	kein**e**/welch**e**/mein**e**.	di**e**

Meins!

→ K 7

Relativpronomen

Singular	maskulin	neutrum	feminin	Plural
Nominativ	Das ist der Mann, **der** spricht.	Das ist das Telefon, **das** nicht funktioniert.	Das ist die Frau, **die** spricht.	Das sind die Aufträge, **die** neu sind.
Akkusativ	Das ist der Mann, **den** Sie suchen.	Das ist das Telefon, **das** ich kaufe.	Das ist die Frau, **die** Sie suchen.	Das sind die Aufträge, **die** Sie suchen.

Das Telefon, das nicht funktioniert.

→ K 6

Grammatik

Adjektive

Adjektive: Deklination nach unbestimmtem Artikel

	maskulin	neutrum	feminin	**Plural**
Nominativ	ein schön**er** Tag	ein alt**es** Problem	eine nett**e** Klasse	☐ nett**e** Freunde
Akkusativ	einen schön**en** Tag	ein alt**es** Problem	eine nett**e** Klasse	☐ nett**e** Freunde
Dativ	an einem schön**en** Tag	mit einem alt**en** Problem	mit einer nett**en** Klasse	von ☐ gut**en** Freunden

→ K 4

Adjektive: Deklination nach bestimmtem Artikel

Singular	maskulin	neutrum	feminin	**Plural**
Nominativ	der schön**e** Tag	das alt**e** Problem	die nett**e** Klasse	die nett**en** Freunde
Akkusativ	den schön**en** Tag	das alt**e** Problem	die nett**e** Klasse	die nett**en** Freunde
Dativ	an dem schön**en** Tag	mit dem alt**en** Problem	mit der nett**en** Klasse	mit den nett**en** Freunden

→ K 4

Adjektive: Komparativ (prädikativ)

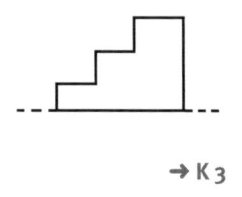

regelmäßig	regelmäßig mit Umlaut a, o, u → ä, ö, ü	⚠ unregelmäßig
schnell – schnell**er** teuer – teur**er**	alt – **ä**lter groß – gr**ö**ßer kurz – k**ü**rzer	gut – besser viel – mehr gern – lieber

→ K 3

Vergleich

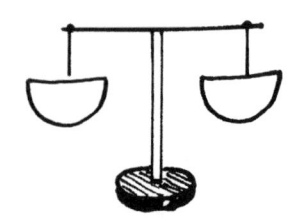

Der ICE ist **genauso** lang **wie** der Regio.

Der ICE ist **schneller als** der Regio.
Der Regio ist **nicht so** schnell **wie** der ICE.

Präpositionen

Präpositionen mit ...		
... Akkusativ	... Dativ	... Akkusativ (wohin?) oder Dativ (wo?)
bis, durch, für, gegen, ohne	aus, bei, mit, nach, seit, von, zu	in, an, auf, vor, hinter, unter, über, neben, zwischen
Sie gehen **durch** die Stadt.	Ich komme **mit** dem Fahrrad.	Sie geht **vor** das Tor.	Sie ist **vor** dem Tor.
Das Geschenk ist **für** dich.	Wir sind **seit** einem Tag hier.		

→ K 5

Satz: Hauptsatz + Hauptsatz

Konjunktoren „und", „aber", „denn"

	Hauptsatz 1	Konjunktor	Hauptsatz 2
Aufzählung	Was ist schön	**und**	was ist hässlich?
Gegensatz	Ich bin in Frankreich aufgewachsen,	**aber**	zu Hause sprechen wir Deutsch.
Grund	Wir sprechen Polnisch und Deutsch,	**denn**	meine Mutter ist Polin.

1 2
→ K 1

Verbindungsadverb „deshalb"

	Hauptsatz 1		Hauptsatz 2	
Grund	Ich muss meine E-Mails lesen,		**deshalb** öffne ich die Mailbox.	

1 2
→ K 9

hundertsiebenundzwanzig | 127

Grammatik

Satz: Nebensätze

Typen von Nebensätzen

	Hauptsatz		Nebensatz	
→ K 2	Gundi (weiß),	dass	Geld allein nicht glücklich	macht.
→ K 3	Ich (reise) viel,	weil	ich gern Menschen	treffe.
→ K 8	Ich (hatte) große Angst,	als	ich das Schiff	sah.
→ K 8	Ich (frage) immer,	wenn	ich etwas nicht	verstehe.
→ K 8	Der Abend (war) schön,	bis	das Essen	kam.
→ K 8	Ich (liebe) das Meer,	seit	ich es zum ersten Mal	gesehen habe.
→ K 9	Einige E-Mails (drucke) ich für den Chef (aus),	damit	er die Mails	lesen kann.
→ K 6	Peter ist der Freund,	den	ich sehr oft	sehe.
	Petra ist die Freundin,	die	ich sehr oft	sehe.

Nebensatz vor Hauptsatz

Nebensatz		Hauptsatz		
Dass Geld allein nicht glücklich	macht,	weiß	Gundi.	
Weil ich gern Menschen	treffe,	reise	ich	viel.
Als ich das Schiff	sah,	hatte	ich	große Angst.
Subjunktor	**Verb**			

Aussage und Redewiedergabe

Aussage
Gundi sagt: „**Ich** muss weggehen."

Redewiedergabe
Gundi sagt, **Hauptsatz**
sie muss weggehen.

Redewiedergabe mit „dass"
Gundi sagt, **Nebensatz**
dass **sie** weggehen muss.

→ K 1
→ K 2

Artikelwörter und Pronomen in der Redewiedergabe durch eine andere Person

Peter: „**Ich** komme aus Görlitz." Peter sagt, **er** kommt aus Görlitz.

→ K 1
→ K 10

Chantal: „**Ich** brauche zwei Sprachen." Chantal sagt, **sie** braucht zwei Sprachen.

Thomas und Judith: „**Wir** sind sehr aktiv." Thomas und Judith sagen, **sie** sind sehr aktiv.

Mona: „Das ist **meine** Tasche." Mona sagt, das ist **ihre** Tasche.

Joseph: „Das ist **mein** Auto." Joseph sagt, das ist **sein** Auto.

Petra und Uwe: „Das ist **unsere** Wohnung." Petra und Uwe sagen, das ist **ihre** Wohnung.

hundertneunundzwanzig

Grammatik

Satzbaupläne: Verb und Ergänzung

Subjekt Wer? oder Was?	Verb	
Das Telefon	klingelt.	

Subjekt Wer? oder Was?	Verb	Akkusativ-Ergänzung Wen? oder Was?
Mona	nimmt	ihre Tasche.

Subjekt Wer? oder Was?	Verb	Nominativ-Ergänzung Wer? oder Was?
Michelle Schneider	ist	die Chefin.

Subjekt Wer? oder Was?	Verb	Dativ-Ergänzung Wem?
Die Arbeit	gefällt	ihr.

Subjekt Wer? oder Was?	Verb	Lokalergänzung Wo?
Irene und Jan	sind	in Berlin.

Subjekt Wer? oder Was?	Verb	Direktivergänzung Wohin?
Sie	gehen	ins Museum.

Subjekt Wer? oder Was?	Verb	Präpositionalergänzung
Ernesto Rodríguez	arbeitet	bei VW Mexiko.

Verben mit Dativ

anbieten, (mit)bringen, danken, geben, gefallen, gehören, gratulieren, helfen, passen, schenken, schicken, schmecken

Kann ich dir einen Tee anbieten?
Kannst du mir ein Wasser mitbringen?

Textreferenz

Gundi hatte schon als Kind einen Traum: **Sie** wollte nach Lateinamerika.   Personalpronomen (ich, du, ...)

Und sie hat **diesen** Traum immer wieder gehabt.   Demonstrativ-Artikel

(dieser, dieses, diese)

Dann hat sie **eine** Sendung über Amnesty international   unbestimmter Artikel –

im Fernsehen gesehen und **die** Sendung hat   bestimmter Artikel

ihr Leben verändert.   (ein, ein, eine – der, das, die)

Possessiv-Artikel

(mein-, dein-, sein-,...)

Viele Kinder in einer Familie macht das Leben interessant. Es ist

nicht immer einfach, **alle** müssen im Haushalt mithelfen: Indefinit-Artikel „all-"

Jeder geht zum Beispiel einmal in der Woche einkaufen.   Indefinit-Artikel „jed-"

Und jeder schreibt die Sachen auf, **die** er braucht.   Relativpronomen

Nach dem Einkaufen gibt es oft Chaos:

„Wem gehören die Hefte?" – „Das sind **meine**!" ...   Possessivpronomen

(mein-, dein-, sein-, ...)

Unsere Freunde Thomas und Judith sagen, dass sie keine

Zeit für Kinder haben. Sie haben **beide** Erfolg im Beruf.   Indefinit-Artikel „beid-"

→ K 2

hunderteinunddreißig | **131**

Grammatik

Beispiel	Terminus	Ihre Sprache
Wörter		
gehen, lesen, lernen, ...	das Verb	
können, müssen, wollen, dürfen	das Modalverb	
Wir kennen **uns**.	das reziproke Verb	
der **Tisch**, das **Haus**, die **Tasche**	das Substantiv	
der Tisch, **das** Haus, **die** Tasche	der bestimmte Artikel	
ein Tisch, **ein** Haus, **eine** Tasche	der unbestimmte Artikel	
kein Tisch, **kein** Haus, **keine** Tasche	der negative Artikel	
mein Tisch, **dein** Haus, **seine** Tasche	der Possessiv-Artikel	
welcher Tisch?, **welches** Haus?, **welche** Tasche?	der Interrogativ-Artikel	
dieser Tisch, **dieses** Buch, **diese** Tasche	der Demonstrativ-Artikel	
ich gehe, **du** gehst, **er** geht, ...	das Personalpronomen	
ich konzentriere **mich**, er setzt **sich**, ...	das Reflexivpronomen	
Hat **jemand** angerufen?	das Indefinitpronomen	
Der Freund, **den** ich sehr oft sehe.	das Relativpronomen	
Das Hemd ist **weiß**.	das Adjektiv: prädikativ	
Er kauft das **weiße** Hemd.	das Adjektiv: attributiv	
Der Zug fährt **schnell**.	das Adjektiv: der Positiv	
Der Zug fährt **schneller**.	das Adjektiv: der Komparativ	
Der ICE ist **genauso lang wie** / **schneller als** der Regio.	das Adjektiv: Vergleich	
Das Buch liegt **auf/unter/neben** dem Stuhl. Sie arbeitet **mit** der CD. ...	die Präposition	
Ich komme, **wenn** ich Zeit habe.	der Subjunktor	
Ich komme **und** ich bringe Essen mit.	der Konjunktor	
Ich muss noch einkaufen, **deshalb** komme ich später.	das Verbindungsadverb	

Beispiel	Terminus	Ihre Sprache
Konjugation beim Verb		
komm-en; **lern**-en	der Verbstamm	_____
komm-**en**; lern-**en**	die Verb-Endung	_____
machen – **ge**mach**t**	das regelmäßige Verb	_____
g**e**hen – **gegangen**	das unregelmäßige Verb	_____
umziehen, **ein**kaufen, **mit**bringen, …	das Präfix	_____
erzählen	Verb mit nicht trennbarem Präfix	_____
auf/wachsen	Verb mit trennbarem Präfix	_____
kommen, einkaufen, lesen, …	der Infinitiv	_____
ich **gehe**, du **gehst**, er **geht**, …	das Präsens	_____
ich **bin gegangen**, du **hast gegessen**, …	das Perfekt	_____
gegangen, gegessen, gefahren, …	das Partizip II	_____
ich **war**, du **hattest**, er **musste**, …	das Präteritum	_____
Komm schnell!, **Kommen Sie** bitte schnell!	der Imperativ	_____
Ich **hätte** gern einen Kaffee.	der Konjunktiv II	_____
Der Baum **wird geschmückt**.	das Passiv	_____
Deklination bei Artikelwörtern, Substantiven, Adjektiven und Pronomen		
das/ein Buch	der Singular	_____
die Bücher	der Plural	_____
der Mantel	maskulin	_____
das Hemd	neutrum	_____
die Jacke	feminin	_____
Elemente im Satz		
Ich habe Brot gekauft. Kannst **du** mir bitte das Brot geben?	das Subjekt	_____
Ich habe **Brot** gekauft. Kannst du **mir** bitte **das Brot** geben?	die Ergänzung	_____
Er ist **Arzt**.	die Nominativ-Ergänzung	_____
Ich gebe dir **den Schlüssel**.	die Akkusativ-Ergänzung	_____
Ich gebe **dir** den Schlüssel.	die Dativ-Ergänzung	_____
Jan ist **in Berlin**.	die Lokalergänzung	_____
Er geht **ins Museum**.	die Direktivergänzung	_____
Ernesto arbeitet **bei VW Mexiko**.	die Präpositionalergänzung	_____

Grammatik

Beispiel	Terminus	Ihre Sprache
Satz		
Heute ist Montag., Wie spät ist es?	der Hauptsatz	_____
Peter ist krank.	der Aussagesatz	_____
Wann geht Peter zum Arzt?	die W-Frage	_____
Gehst du zum Arzt?	die Ja-/Nein-Frage	_____
Geh zum Arzt!	der Aufforderungssatz	_____
Wenn ich Rückenschmerzen habe, mache ich Gymnastik.	der Nebensatz	_____
Der Freund, **den ich sehr oft sehe**, …	der Relativsatz	_____
Gundi: „**Ich muss weggehen.**"	die direkte Rede	_____
Gundi sagt, **sie muss weggehen**.	die Redewiedergabe	_____

Lösungsschlüssel

Kapitel 1

Ü 2 a) Frage 1: zwischen Bern und Lausanne, 800 Jahre alt; Frage 2: 35 000 Einwohner; Frage 3 (andere Lösungen auch richtig): Die Armen in der Unterstadt mit Fluss und Gassen, die Reichen in der Oberstadt in großen Häusern; die Armen unten – die Reichen oben; Frage 4: am Stadtrand und auf dem Land; Frage 5: Zentrum heute: Geschäfte und Banken; Zentrum früher: Kathedrale/Kirche in der Altstadt; früher Industrie/Fabriken in der Stadt, heute auf dem Land im Norden; im Westen und Osten: Wohnhäuser; Frage 6: Ausländerintegration, Kinder in der Schule, Sprache; Frage 7: 1. Wunsch: Stadt entdecken / Herz von Freiburg hören, 2. Wunsch: mehr reden miteinander: Französischsprachige und Deutschsprachige, Freiburger und Ausländer.

Ü 3 a) 1. Was ist das Herz? Was ist die Seele? 2. Was ist schön und was ist hässlich in einer Stadt? 3. Wie lernt man eine Stadt, seine Stadt kennen?

Ü 4 2. am Ufer sitzen, 3. dem Wasser zuschauen, 4. nachdenken, 5. auf den Markt gehen, 6. eine Wurst essen, 7. Wasser trinken, 8. zuhören

Ü 5 1. Er hat ein Buch gelesen. 2. Wir sind durch die Stadt gegangen. 3. Sie hat/haben Stimmen und Wörter gehört. 4. Ich habe in Gesichter gesehen. 5. Bist du mit der U-Bahn gefahren? 6. Ich bin eingestiegen.

Ü 6 2. gesetzt, 3. getrunken, 4. gesehen, 5. gelesen, 6. diskutiert, 7. verstanden, 8. mich wohl gefühlt, 9. gekommen, 10. bezahlt, 11. gegangen

Ü 8 *Vorschlag:* Einwohner: 35 000; Sprachen: Deutsch 30% – Französisch 60%, Italienisch, Spanisch, Portugiesisch, Serbisch, Albanisch, Englisch, …; Schule und Ausbildung: Schule: deutschsprachige und französischsprachige Klassen, Uni: Studieren in zwei Sprachen; Zeitungen/Radio: in zwei Sprachen; Theater/Kino: Web-Seite zu Freiburg/Fribourg besuchen – *www.fr.ch* – und unter Information – Memento – Théatre – Cinéma nachsehen!

Ü 9 2. Peter, er, 3. Chantal, sie, 4. Chantal, sie, sie, 5. Peter, er, 6. Peter, er, 7. Chantal, sie

Ü 13 b) Substantiv: der Fluss, Flüsse; das Ufer, Ufer; das Wasser; das Tier, Tiere; der Hund, Hunde; der Vogel, Vögel; der Markt, Märkte; das Gewürz, Gewürze; die Frucht, Früchte; der Fisch, Fische; die Wurst, Würste; die Stimme, Stimmen; die Sprache, Sprachen; der Abend, Abende; die Stadt, Städte; die Sonne
Verb: sitzen, habe gesessen; zuschauen, habe zugeschaut; tun, habe getan; nachdenken, habe nachgedacht; gehen, bin gegangen; kaufen, habe gekauft; essen, habe gegessen; trinken, habe getrunken; zuhören, habe zugehört; untergehen, ist untergegangen

Ü 14 2. das Krankenhaus, 3. das Parkhaus, 4. das Denkmal, 5. das Hochhaus, 6. das Rathaus, 7. der Bahnhof

Ü 15 2. A, 3. D, 4. B, 5. C

Ü 17 1. weggehen, 2. habe … abgeschrieben, 3. Sieh … an, 4. Schreib … auf, 5. Liest … vor, 6. Hören … zu, 7. aussprechen

Ü 18 1. Hier kann man essen und Kaffee trinken. 2. Hier kann man Brot und Gemüse kaufen. 3. Hier kann man ins Kino gehen. 4. Hier kann man Kleider kaufen. 5. Hier kann man Bücher kaufen und Musik hören.

Ü 19 2. denn, 3. aber, 4. denn, 5. und, 6. aber, denn, 7. und

Ü 20 2. Er erzählt, Freiburg liegt in der Schweiz zwischen Bern und Lausanne. 3. Er sagt, Freiburg ist über 800 Jahre alt und hat etwa 35 000 Einwohner. 4. Er erzählt, in der Altstadt gibt es Stadtmauern mit Türmen, eine Kathedrale aus dem Mittelalter und viele schöne alte Häuser.

Ü 21 1. Peter erzählt, er ist seit zwei Wochen in Freiburg. (Er sagt,) er studiert Sozialarbeit – auf Deutsch und Französisch. (Er erzählt,) er kommt aus Görlitz/Zgorzelec. (Er sagt,) zu Hause sprechen sie Polnisch und Deutsch.
2. Chantal erzählt, sie ist in Südfrankreich aufgewachsen, aber sie haben zu Hause Deutsch gesprochen. (Sie sagt,) in den Ferien war sie oft im Elsass, auch dort hat sie Deutsch gesprochen.

Ü 22 1. Gabi ist spazieren gegangen und (sie) hat viel von der Stadt gesehen. 2. Sie hat ein Museum besucht und Geschäfte angesehen, aber sie hat nichts eingekauft. 3. Sie hat den Dom gesehen, aber sie ist nicht am Rhein spazieren gegangen, denn es hat geregnet. 4. Sie hat einen Kaffee getrunken und (sie hat) den Leuten zugesehen.

Kapitel 2

Ü 1 1. B, 2. C, 3. A, 4. A, 5. C, 6. B

Ü 2 2. zwischen Frankfurt und Köln – in Nordrhein-Westfalen, 3. sie wollte nach Lateinamerika, 4. 8 Jahre (lang), 5. Industriekauffrau, 6. bei den Schwiegereltern – auf dem Land

Ü 3 1. E, 2. D, 3. F, 4. A, 5. C, 6. B

Ü 5 B 1, D 2, C 3, A 4, F 5, E 6, G 7

Ü 6 1. f, 2. f, 3. r, 4. r, 5. r, 6. r, 7. f, 8. f, 9. r, 10. r

Ü 8 1. bald – nach einem Jahr 2. mit den Menschen in Chile – in Deutschland 3. bei Amnesty in Deutschland einen Job gefunden – bei der Partei „Bündnis 90 / Die Grünen" 4. Gundi hat eine Tochter bekommen – einen Sohn 5. Gundi möchte allein eine Weltreise machen – mit Rudolf und David zusammen

Ü 9 1. Gundi hatte Schwierigkeiten mit den Menschen in Deutschland. 2. Die Menschen in Chile waren freundlich und offen. 3. Gundi hat eine Stelle bei der Partei „Bündnis 90 / Die Grünen" gefunden. 4. Gundi hat Rudolf geheiratet und sie haben ein Kind bekommen.

Ü 11 1. B, 2. F, 3. E, 4. C, 5. D, 6. H, 7. A, 8. G

Ü 12 2. B, 3. A, 4. C, 5. E

Ü 13 b) seit 1974, „International Week" in Graz; 29. März, 4. April, International Week mit Musikerinnen und Musikern aus Zagreb, Zürich und Paris; 19.45 Uhr, Konzerte im Palais Meran; Sonntag, 29. März, Kompositionen von jungen österreichischen Komponi-

hundertfünfunddreißig |135

Lösungsschlüssel

sten; am Montag, dem 1. April, Streichquartett aus Zagreb, am 2. April, Musiker aus Zürich/Winterthur; am Mittwoch, dem 3. April, Alma Quartett aus Paris; am 4. April, Grazer Orchester mit Solisten der Gastschulen

Ü 14 seit 1974, dieses Jahr, im Frühling, um Viertel vor acht (19.45), am 29. März, am 4. April, am Montag, später, zum Schluss, am Mittwoch

Ü 15 1. a) aufgewachsen, 1. b) die Welt sehen, 2. a) kennen gelernt, 2. b) zurückgegangen, 3. a) besucht, 3. b) bleiben, 4. a) Geld verdient, 4. b) besucht, 5. a) verstanden, 5. b) zufrieden

Ü 16 *Vorschlag:* Erkki ist 1980 in Rovaniemi in Finnland geboren. Er ist (auch) in Rovaniemi aufgewachsen und mit 6 Jahren in die Schule gegangen. Sein Traumberuf war Skifahrer oder Golfspieler. Seine Hobbys sind Skifahren, Golf, Badminton und Squash. Mit 19 hat er die Schule beendet und mit 20 hat er in Rovaniemi Rechtswissenschaft studiert. Heute studiert er in der Schweiz Deutsch und Französisch.

Ü 17 1. 1882, 2. 6, 3. 21, 4. 2002, 5. 19, 6. 2, 2004, 7. 20, 2026, 8. 44, 44

Ü 18 1. wirst, werde, 2. werden, 3. wird, 4. werdet, 5. wird

Ü 20 Gabi wollte Ärztin werden, aber sie wurde Apothekerin. Ruth wollte Industriekauffrau werden, aber sie wurde Journalistin. Felix wollte Verkäufer werden, aber er wurde Musiker. Markus wollte Lehrer werden, aber er wurde Maler.

Ü 21 1. er, 2. ihm, 3. er, 4. er

Ü 22 2. Gundi/Sie erzählt, dass sie viel von der Welt sehen wollte. 3. Sie sagt, dass ihr das Leben auf dem Land nicht gefallen hat. 4. Sie glaubt, dass sie nicht zufrieden war.

Ü 24 1. diesen, 2. diese, 3. dieser, 4. Dieser, 5. Dieses, 6. diese, 7. diesem

R 1 a) 1. kennen lernen – sich verlieben – sich verstehen – heiraten, 2. geboren werden – aufwachsen – zur Schule gehen, 3. die Schule beenden – eine Lehre machen – eine Stelle finden – Geld verdienen, 4. unglücklich sein – Probleme haben – unzufrieden sein – sich trennen, 5. einen Traum haben – weggehen – unterwegs sein – eine Weltreise machen

Kapitel 3

Ü 2 1. Wiedersehen – Bis bald, 2. Haben Sie – möchte, 3. verpasst – umsteigen?, 4. Auskunft – Reise – suche, 5. haben Sie – etwas, 6. Abfahrt – Gleis – Verspätung

Ü 3 a) 1. (an) Fahrpläne, 2. abfahren, 3. verabschieden, 4. größer, 5. Einkaufszentrum, 6. Konzerte
b) A: Orte für Begegnungen und Träume, Orte für Treffpunkte; B: Orte für Konsum und Kultur, Orte für Einkaufszentren und Konzerte

Ü 4 b) A 1, 5, 7, 8; B 2, 3, 4, 6

Ü 6 1. Frau – Zug oder Flugzeug, genauso schnell – reist viel und gern – trifft und beobachtet gern Menschen – beim Reisen kann man viel lernen; 2. Mann – Bus – reist nicht gern – muss jeden Tag mit dem Bus zur Arbeit – möchte am Wochenende Ruhe haben; 3. Frau – früher mit dem Flugzeug – reist heute nicht mehr gern – gefährlich und viel Stau auf den Straßen – wandert heute lieber in der Natur; 4. Frau – vor allem mit dem Zug – reist sehr gern – Zug fahren ist bequemer – Zug fahren ist heute leider teurer als früher; 5. Mann – Fliegen, Bus fahren, Zug fahren, ist egal – reist sehr gern – Fliegen und Zug fahren ist hektisch, auf dem Schiff haben alle Zeit – Traum: Schiffsreise von Europa nach Amerika; 6. Mann – Auto – reist nur gern mit dem Auto – nur im Auto ist er frei, hat Angst beim Fliegen – mag Flughäfen und Bahnhöfe nicht

Ü 8 a) B 1, C 4, D 3

Ü 10 a) dafür: A. Schuhmacher, P. Mordasini, B. Gadient, (eher dafür) C. Grüningen; dagegen: V. Furrer, P. Egger
b) pro: Ich bin für …, ich finde gut …, ist auch gut, weil …, natürlich bin ich dafür …, das ist wie ein Traum …, als Fußgänger bin ich eher für autofreie Tage …, ist das besser …, ich finde diese Idee genial …, ich freue mich … , ich bin voll und ganz dafür; kontra: die Idee gefällt mir nicht …, nein, danke …, da bin ich nicht einverstanden …, ich finde das gar nicht lustig …, das geht nicht

Ü 11 1. die Fähre, 2. Gleis 4, 3. die Durchsage, 4. umsteigen, 5. Stau, 6. landet

Ü 12 b) Hier dürfen Sie nicht rauchen. Das Flugzeug ist noch nicht gelandet. Kann ich bitte bezahlen? Schmeckt es Ihnen? Ist hier noch ein Platz frei? Haben Sie reserviert? Ihre Fahrkarte, bitte! Sie müssen in Wien umsteigen. Die Maschine hat Verspätung. Das Schiff ist gerade angekommen. Der Pass ist nicht mehr gültig.

Ü 13 1. kaufen, 2. gehört, 3. abgeholt, 4. trinken, 5. gezeigt, 6. abbiegen

Ü 14 a) 2. F, 3. D, 4. C, 5. E, 6. B, 7. G, 8. H, 9. I

Ü 15 a) 2. später, 3. kürzer, 4. lieber, billiger, 5. größer, 6. schöner
b) Adjektiv + „-er": moderner, später, billiger, schöner; Adjektiv + „-er" (und a, o, u → ä, ö, ü): kürzer, größer; unregelmäßig: lieber

Ü 16 1. Stuttgart ist genauso groß wie Hannover. 2. Nürnberg ist älter als München/Leipzig. Leipzig ist genauso alt wie München. 3. Der ICE von München nach Nürnberg ist schneller als der Regionalexpress. Das Auto ist genauso schnell wie der ICE. 4. Der ICE (von München nach Nürnberg) ist teurer als der Regionalexpress. Der Regionalexpress ist genauso teuer wie das Auto.

Ü 18 2. Mein Traum ist eine lange Schiffsreise, weil man tagelang nur das Meer sieht. 3. Ich fahre gern Zug, weil ich in der Nähe vom Bahnhof wohne. 4. Ich reise nicht gern, weil ich jeden Tag mit dem Bus zur Arbeit fahre. 5. Ich mag Flughäfen nicht, weil da alle Leute im Stress sind.

Ü 19 2. Weil man sehr schnell ist, fliege ich gern mit dem Flugzeug. 3. Weil man fremde Sprachen hören kann, reise ich sehr gern. 4. Weil ich das Meer mag, fahre ich gern mit dem Schiff.

Ü 21 2. Menschen, 3. Koffer/Taschen, 4. Taschen/Koffer, 5. Freunde, 6. Kindern, 7. Zeitungen/Getränke, 8. Getränke/Zeitungen, 9. Züge, 10. Städten, 11. Fahrplänen

R 2 1. Wir kommen leider später, weil der Zug zwei Stunden Verspätung hat / denn der Zug hat Verspätung. 2. Ich komme heute nicht, weil auf der Autobahn 10 Kilometer Stau ist / denn auf der Autobahn ist Stau. 3. Wir fahren erst morgen ab, weil wir heute einen Unfall hatten und das Auto kaputt ist / denn wir hatten einen Unfall und das Auto ist kaputt.

R 3 1. teurer, 2. billiger, 3. weniger, 4. langsamer, 5. schnell

Kapitel 4

Ü 1 *Beispiele:* Lieblingsfächer: Am liebsten habe ich Mathematik. – Hobbys: Meine Hobbys sind Lesen und Rad fahren. – Lieblingsbuch: „Das Parfüm" finde ich ein sehr schönes Buch. – Das mag ich sehr: Ich mag gutes Essen sehr gern. – Das mag ich gar nicht: Ich mag gar nicht, wenn ich früh aufstehen muss. – Das nervt mich: Mich nervt, wenn ich keine Zeit für mich habe. – Das macht mir Freude: Es macht mir Freude, wenn mich Freunde besuchen.

Ü 2 a) 2. um, 3. 10 Minuten, 4. manchmal, 5. bis, 6. pro Woche, 7. Sprachen, 8. dann, 9. Kochen, 10. gut, 11. langweilig, 12. okay, 13. in diese Klasse, 14. sehr gern, 15. Fächer
b) A, c) D, d) C, e) G, f) H, g) E, h) F

Ü 3 *Beispiel:* 2. Am Anfang hat sie vieles nicht verstanden. 3. Aber einige Kollegen haben ihr geholfen. 4. Sie hatte im Hotel Kollegen aus der ganzen Welt. 5. Zuerst hat sie sich mit Händen und Füßen unterhalten. 6. Wenn die Arbeit schwierig war, hat sie an ihren guten Lohn gedacht. 7. Die Arbeit war nicht besonders interessant.

Ü 4 2. Sie hat dort drei Sprachen, und das ist ihr wichtig. 3. Nach der Schule wollte sie schon immer ins Ausland gehen. 4. Mit ihrer Ausbildung kann Eva leicht jobben und Geld verdienen. 5. Eva will einfach selbstständig sein.

Ü 5 a) 2. C, 3. D, 4. B, 5. G, 6. A, 7. F

Ü 6 1, 5, 7, 6, 2, 8, 4, 3

Ü 7 2. im, 3. kein, 4. Jahren, 5. Schule, 6. mehr, 7. dass, 8. Nach, 9. Gärtner, 10. von, 11. arbeiten, 12. Lehre, 13. arbeitet, 14. sagt, 15. Arbeit, 16. mit, 17. genau, 18. für

Ü 8 1. b, 2. b, 3. a, 4. b, 5. a

Ü 9 a) 2. C, 3. A, 4. E, 5. B
b) *Beispiel:* Zuerst / Auf dem ersten Bild gehen ein Mann und sein Hund zur Bibliothek. Auf dem Bild sieht man, dass der Hund nicht hinein darf. Er muss draußen warten. Dann kommt der Mann mit einem Buch heraus und geht mit dem Hund weg. Auf dem letzten Bild / Zuletzt schläft der Mann und der Hund liest das Buch.

Ü 11 1. D, 2. G, 3. B, 4. I, 5. A, 6. E, 7. C, 8. F, 9. H

Ü 12 2. schreiben, 3. singen, 4. spielen, 5. ruhig sitzen, 6. Zeugnis, 7. Noten, 8. Ferien, 9. Abitur, 10. studiert, 11. Praktikum, 12. (Sprach)kurs/(Deutsch)kurs, 13. Studium, 14. Ausbildung

Ü 14 2. Früh aufstehen ist ein echtes Problem. 3. Eva macht ein interessantes Praktikum. 4. Sie hat einen netten Kollegen. 5. Er schenkt ihr ein schönes Kochbuch.

Ü 15 2. ein**en** komfortabl**en** Urlaub 3. ein**en** groß**en** Balkon 4. ein modern**es** Badezimmer 5. ein**e** gemütlich**e** Sitzecke 6. ein**em** bequem**en** Sessel 7. ein**er** hell**en** Lampe 8. ein**e** groß**e** Auswahl 9. ein jung**es** Hotel-Team

Ü 16 2. den grün**en** Pullover, 3. die schwarz**e** Hose, 4. die rot**e** Hose, 5. den weiß**en** Pullover, 6. die grau**e** Jacke, 7. die eng**e** Bluse, 8. den gelb**en** Rock, 9. die eng**e** Bluse, 10. die braun**en** Schuhe

Ü 18 a) 2. der fremden Sprache, 3. den neuen Kollegen, 4. dem interessanten Praktikum, 5. dem alten Reisebüro
b) Präpositionen mit Dativ: in (Frage: „Wo?"), mit, nach, zu

Ü 19 2. ein schlechter Schüler, 3. keine große Lust, 4. die vielen Hausaufgaben, 5. Die kreative Arbeit, 6. mit netten Kollegen, 7. interessante Seminare, 8. für die schweren Prüfungen

R 2 a) „Ich habe <u>im Herbst</u> 1994 das Abitur am Brecht-Gymnasium in <u>Berlin</u> gemacht. Im Herbst habe ich in Berlin <u>Physik</u> studiert. Dieses Studium habe ich nicht beendet. Neben dem Studium habe ich <u>ein halbes Jahr</u> im Labor „Dr. Koch" in Berlin gearbeitet. 1997 bin ich nach München gezogen und habe ein Informatikstudium begonnen. 2004 habe ich mein Studium abgeschlossen und <u>bei der Assekuranz-Versicherung</u> ein Praktikum als Programmierer gemacht. Zur Zeit bin ich <u>arbeitslos</u>."

Kapitel 5

Ü 1 Foto 1 (Reichstag): 1, 7; Foto 2 (Brandenburger Tor): 3, 6; Foto 3 (Historisches Museum): 5, 8; Foto 4 (Am Hackeschen Markt / Hackesche Höfe): 2, 4

Ü 2 1. C, D; 2. B, F; 3. A, E,

Ü 3 1. S-Bahn, 2. Linie 6, 3. an der Kochstraße

Ü 4 *Vorschlag:* 2. Nein, ich bin müde. Ich möchte ins Hotel. 3. Gute Idee! Zuerst kaufen wir ein Sandwich, dann essen wir im Tiergarten. 4. Nein, auf keinen Fall. Ich gehe lieber in die Nationalgalerie. Ich finde Bilder spannender. 5. Ich weiß nicht. Vielleicht können wir eine Bootsfahrt machen.

Ü 5 1. Auf der Straße, 2. Von 1961 bis 1989 / 28 Jahre, 3. Am 9. November 1989, 4. In Ostberlin / Am Prenzlauer Berg

Ü 6 1. r, 2. f, 3. f, 4. f, 5. r, 6. r, 7. f, 8. f, 9. r

Ü 7 *Vorschlag 1:* 2. Sie haben am 9. November (die) Nachrichten gesehen. 3. Die DDR-Bürger durften in die BRD und nach Westberlin reisen. 4. Um 11 Uhr abends haben die Grenzsoldaten die Grenze geöffnet. 5. Die Westberliner haben den Ostberlinern Blumen und Sekt geschenkt. 6. Herr und Frau Gerlach haben eine Stadtrundfahrt gemacht. 7. Sie wollten den Kudammm mit den vielen Geschäften sehen. 8. Sie sind gegen 1 Uhr nach Hause gefahren. 9. Viele Leute haben die ganze Nacht am Alexanderplatz gefeiert. 10. Alle waren glücklich. 11. Herr Gerlach hat die Nacht vom 9. November nie vergessen.

hundertsiebenunddreißig | 137

Lösungsschlüssel

Vorschlag 2: 2. Sie sahen am 9. November (die) Nachrichten. 3. Die DDR-Bürger durften in die BRD und nach Westberlin reisen. 4. Um 11 Uhr abends öffneten die Grenzsoldaten die Grenze. 5. Die Westberliner schenkten den Ostberlinern Blumen und Sekt. 6. Herr und Frau Gerlach machten eine Stadtrundfahrt. 7. Sie wollten den Kudamm mit den vielen Geschäften sehen. 8. Sie fuhren gegen 1 Uhr nach Hause. 9. Viele Leute feierten die ganze Nacht am Alexanderplatz. 10. Alle waren glücklich. 11. Herr Gerlach vergaß die Nacht vom 9. November nie.

Ü 9 1. Hotels / Cafés / Restaurants / Kaufhäuser / viel Verkehr, 2. England, Frankreich, USA, Sowjetunion, 3. Vier Teile, 4. (Oktober) 1949, 5. Beginn des Mauerbaus

Ü 10 a) 1. Der Potsdamer Platz war früher ein wichtiger Platz. 2. Man sieht eine Kreuzung und eine Straßenbahn. 3. Von 1961 bis 1989 war Berlin in zwei Teile geteilt. 4. Früher haben die Touristen von einem Turm in den Osten geschaut. 5. Das Hochhaus im Hintergrund ist wahrscheinlich das Sonycenter.

Ü 10 b) Foto A: (5), 6; Foto B: 1, 2, (5); Foto C: 3,4

Ü 12 1. das, 2. der, 3. Bedeutung 1, 4. nein, 5. Singular, 6. Abkürzung

Ü 13 *Beispiele:* Substantiv: Hotel, das, Hotels; Verkehr, der; Platz, der, Plätze; Ampel, die, Ampeln; …; Verb: gab, geben; war, sein; teilten, teilen; flohen, fliehen; kauften, kaufen; …

Ü 14 *Vorschlag:* Irene ist vor 6 Monaten mit dem Zug nach Paris gefahren. Sie hat ein billiges Hotel im Zentrum gefunden. Am ersten Tag hat sie den Eiffelturm gesehen. Sie war müde und hat viel geschlafen. Es hat geregnet. Am zweiten Tag war eine Demonstration gegen die Regierung. Es gab viel Polizei und Irene hatte Angst. Am Nachmittag hat sie einen Spaziergang durch die Stadt gemacht, durch die breiten Straßen mit den vielen Straßencafés. Sie ist auch ins Picasso-Museum gegangen. Am Abend hat sie im Kino einen tollen Film gesehen. An dritten und vierten Tag war sie krank!

Ü 16 Staatsbesuch beim Königspaar: Bei seinem Staatsbesuch hat der Präsident führende Regierungsvertreter getroffen. In Gesprächen über Politik, Kultur und Wirtschaft sprach man vor allem über zwei Themen: gegenseitige Hilfe und den Frieden in der Welt. Neue Umwelt-Gesetze: Bei der Umwelt-Konferenz haben Politiker aus allen Parteien die aktuellen Probleme diskutiert. Dazu ein Vertreter von den Grünen: „Wenn wir nicht bald vernünftige Gesetze machen, gibt es eine Katastrophe!"

Ü 17 1. Politiker, Probleme, 2. Bevölkerung, Nahrungsmittel, 3. schlimmer, Gesetze, Katastrophe, 4. König, Königin, 5. Frieden, Welt

Ü 19 2. zum Historischen Museum, mit dem Boot, 3. bis nächsten Montag, 4. ohne ihren Freund, vom Hotel, mit der U-Bahn, 5. aus der ganzen Welt, 6. für die lange Tour, 7. mit dem Boot, durch die Stadt

Ü 20 1. A, C, E, 2. B, D, 3. A, C, E, 4. A, C, E, 5. B, D

Ü 21 2. bin / vor dem 3. stehe / hinter dem 4. gehen / ins 5. Im / war 6. setzen / auf das 7. setz / auf das 8. sitze / auf dem 9. ist / auf dem 10. (ist) / unter der

Ü 22 2. Sie und Jan fahren mit dem Zug nach Berlin. 3. Sie kommen spät am Bahnhof an. 4. Sie suchen ein Hotel im Stadtzentrum. 5. Jan und Irene fahren zum Mauermuseum. 6. Irene stellt sich vor die Mauerreste. 7. Jan macht ein Foto von seiner Freundin.

Ü 23 2. wollten, 3. konnten, 4. sagte, 5. konnten, 6. sagte, 7. wollten, 8. gab, 9. kamen, kamen

Ü 24 1. Wart ihr in Berlin? – Ja, wir waren vor zwei Jahren in Berlin. 2. Wolltest du uns gestern besuchen? – Ja, aber ihr wart nicht zu Hause. 3. Musstet ihr lange auf den Bus warten? – Nein, wir mussten nur 5 Minuten warten. 4. Gestern kam ich zu spät ins Kino. – Konntest du den Film noch sehen?

Kapitel 6

Ü 1 1. D, 2. E, 3. A, 4. B, 5. C

Ü 2 2. zwei Personen, 3. 21 Prozent, 4. im Jahr 2000, 5. allein, 6. in Haushalten

Ü 3 1. a, 2. b, 3. b, 4. a, 5. b

Ü 4 2. Freundin, 3. Eltern, 4. Mama, 5. Papa, 6. Geschwister, 7. Schwester, 8. Großvater, 9. Opa, 10. Cousinen, 11. Cousins, 12. Mann, 13. Onkel

Ü 5 1. C, 2. D, 3. A, 4. B

Ü 7 *Vorschlag:* Text 1: A, Text 2: E, Text 3: H, I, Text 4: J

Ü 8 a) 1. f, 2. r, 3. r, 4. f, 5. r, 6. f, 7. f, 8. f
b) 2. schon drei Jahre, 3. sich sehr, 4. 20 Jahre älter, 5. reden kann, 6. telefonieren oder mailen

Ü 9 *Beispiele:* 2. Wann brauchst du eine gute Freundin? 3. Wo hast du deinen besten Freund kennen gelernt? 4. Wo lebt die beste Freundin? 5. Wer hilft dir bei Problemen? 6. Wann muss ein Freund Zeit haben? 7. Wer darf dir die Wahrheit sagen? 8. Was machst du am liebsten mit Freunden? 9. Wen rufst du an, wenn es dir schlecht geht? 10. Wer besucht dich, wenn du krank bist?

Ü 10 1. a, c (b ist sehr unhöflich); 2. a, b (c ist sehr unhöflich)

Ü 11 a) 2. E, 3. D, 4. A, 5. C

Ü 12 2. putzt, 3. schläft, 4. spielt, 5. kommt, 6. will, 7. redet, 8. gibt, 9. bleibt, 10. heißt, 11. essen

Ü 14 *Beispiele:* 1. Peter, der mich gut kennt, 2. Andrea, die mir viel Freude macht, 3. Michael, der viel Blödsinn macht, 4. Eva, die gut zuhört, 5. die Kollegen, die sympathisch sind, 6. Silvia, die eine Brille trägt, 7. Bernhard, der blonde Haare hat, 8. Lisa, die immer schwarze Röcke trägt

Ü 15 2. viele, 3. jedem, 4. beide, 5. alle

Ü 16 2. jeder, 3. Viele, 4. jeder, 5. jedem

Ü 17 2. beide, 3. jedem, 4. alle, 5. alle, 6. viele

Ü 18 1. Kennt ihr euch schon lange? – Ja, wir kennen uns schon (sehr) lange. 2. Habt ihr euch gerne? – Ja, wir haben uns gerne. / Nein, wir haben uns nicht gerne. 3. Sehen Sie sich oft? – Ja, wir sehen uns oft. / Nein, wir sehen uns nicht oft. 4. Treffen Sie sich zum Sport? – Ja, wir treffen uns (zum Sport). / Nein, wir treffen uns nicht (zum Sport).

Ü 20   1. D, 2. C, 3. A, 4. B

Ü 21   2. besucht, 3. spricht, 4. sehen wollt, 5. gekauft habe

Ü 22   2. Das ist der Sänger, der mich kennt. 3. Das ist das Kind, das ich suche. 4. Das ist das Kind, das mich sucht. 5. Das ist die Frau, die ich mag. 6. Das ist die Frau, die mich mag. 7. Das sind die Freunde, die uns einladen. 8. Das sind die Freunde, die wir einladen.

Ü 23   2. den, 3. der, 4. die, 5. die, 6. die

Ü 23   2. Judith ist eine Frau, die Erfolg im Beruf hat. 3. Tina und Daniela sind zwei Frauen, die zusammen leben. 4. Deutsch ist eine Sprache, die mich interessiert. 5. Herbert Grönemeyer ist ein Musiker, den ich gut finde.

R 2   2. die Hälfte, 3. Fast alle, 4. vier von fünf, 5. fast drei Viertel, 6. jeder Zweite, 7. jeder Dritte

Kapitel 7

Ü 1   A 1, 2, 8; B 4, 6, 7; C 3, 5

Ü 2   1. r, 2. f, 3. f, 4. r, 5. r, 6. f, 7. f, 8. r, 9. r

Ü 3   a) *Vorschlag:* 2. Michelle Schneider und eine Freundin haben bei der Post aufgehört und neu angefangen. Die Freundin hat ein Nähatelier aufgemacht, Michele den Rad-Rapid. Das war vor 10 Jahren. 3. Mona arbeitet seit 2 Jahren bei Rad-Rapid. Das ist ideal für sie. Sie geht bald nach Italien zurück. 4. Man muss freundlich und flexibel sein und gern in einem Team arbeiten. Man muss unter Stress arbeiten (können). 5. Es gibt genug Arbeit. Die Leute brauchen Rad-Rapid, weil es immer mehr Verkehr gibt!
b) *Vorschlag:* 1. Seit 15 Jahren. 2. Vorteile: Sie kann 2 Tage in der Woche arbeiten. Sie muss nicht jeden Tag von 6.30 bis 15.30 arbeiten. Nachteil: Wenn es regnet, dann wird sie nass. Wenn es regnet, macht es keinen Spaß. 3. Sie verdient gerade genug. 4. Mona sagt, dass die Chefin immer Zeit hat. Michelle hat viel Erfahrung. Michelle organisiert die Arbeit. 5. Peter arbeitet noch nicht lange hier. Er will schnell Geld verdienen.

Ü 4   Empfänger: Reisebüro mondo; Straße: Fichtestraße 20; Lieferzeit: 8.45 Uhr; Rechnung an Absender

Ü 5   2. C, 3. B, 4. D, 5. A

Ü 8   (1) Minuten, (2) Stock, (3) holt, (4) Dokumenten, (5) Stau, (6) schnell), (7) Fahrrad, (8) fährt, (9) Hausnummer

Ü 9   1. weil Mona/sie die Straßennamen verwechselt hat. 2. weil es in der Fichtenstraße keine Hausnummer 20 gibt. 3. weil Mona/sie auf dem Stadtplan falsch geschaut hat.

Ü 10   a) *Vorschlag:* 1. (Du musst) 3 Pizzas (abholen). 2. O sole mio. 3. Um halb eins. 4. In die Goethestraße 2, 3. Stock bei Firma Meier. 5. Die Firma Meier / Der Empfänger.
b) *Vorschlag:* 1. Du musst morgen um 10 Uhr einen Hund / einen Bernhardiner abholen. 2. Abholen? / Wie sieht der aus? / Wie groß ist er? 3. (Bei Familie Keller) in der Holbeinstraße 2. 4. Wer bezahlt? 5. Wohin muss der Hund? / Wohin muss ich ihn bringen? 6. 10 Uhr Hund abholen bei Familie Keller. Der Hund muss zum Tierarzt, Muldenstraße 28.

Ü 11   a) 1. falsch: und morgen – richtig: heute, 2. richtige Nummer: 0 69 2 19 67 5 45, 3. richtig: halb neun
b) Guten Tag! Hier ist Felix Hartmann von der Firma Dust AG. Wir sollten bei Ihnen einen neuen Computer und einen Drucker installieren. Wir haben uns für morgen um 16 Uhr verabredet. Leider kann ich aber dann nicht kommen. Geht es vielleicht auch später, zum Beispiel um 18 Uhr? Wenn ich von Ihnen nichts höre, komme ich also morgen um 18 Uhr. Wenn es Ihnen nicht passt, dann rufen Sie mich doch bitte an. Meine Nummer ist 071 371 78 99. Tschüss und bis morgen.

Ü 13   a) ● Ich verstehe dich schlecht. Was hast du gesagt?
○ Ist Mario da?
● Nein, leider nicht. Kann ich ihm was sagen?
○ Nein danke, ich rufe später noch einmal an.
● Okay. Tschüss.
○ Tschüss. Und einen schönen Gruß an Mario.

Ü 15   1. ans Telefon, 2. meinen Stuhl, 3. deinem Kaffee, 4. einen Automaten/Automat? 5. die Bremse / die Bremsen, 6. Die Pflanze, 7. den Hammer, die Zange

Ü 16   Gegenstände/Instrumente: der Drucker, Drucker; die Maschine, Maschinen; der Nagel, Nägel; die Zange, Zangen; das Auto, Autos; der Hammer, Hammer; der Schraubenzieher, Schraubenzieher; das Werkzeug, Werkzeuge; der Schrank, Schränke; die Lampe, Lampen; die Bremse, Bremsen; das Fahrrad, Fahrräder
Tätigkeiten: kopieren; geben; die Sitzung vorbereiten; das Zimmer reservieren; arbeiten als; die Möbel packen; tragen; Pause machen; Geschichten erzählen; über den Lohn diskutieren; reparieren; putzen

Ü 17   der Bauer, die Bäuerin – Bauern, Bäuerinnen; der Bauarbeiter, (die Bauarbeiterin) – Bauarbeiter,(-innen); der Hausmann, die Hausfrau – Hausmänner, -frauen; der Verkäufer, die Verkäuferin – Verkäufer, -innen; der Beamte, die Beamtin – Beamte, Beamtinnen; der Anwalt, die Anwältin – Anwälte, Anwältinnen; der Gärtner, die Gärtnerin – Gärtner, -innen; der Arzt, die Ärztin – Ärzte, Ärztinnen; der Computerspezialist, die Computerspezialistin – Computerspezialisten, -spezialistinnen; der Elektriker, die Elektrikerin – Elektriker, -innen; der Politiker, die Politikerin – Politiker, -innen; der Barmann, die Bardame – Barmänner, -damen; der Maler, die Malerin – Maler, -innen; der Musiker, die Musikerin – Musiker, -innen; der Sänger, die Sängerin – Sänger, -innen

Ü 18   2. Das Schöne ist der lange Urlaub. 4. Das Schlechte ist, dass ich wenig verdiene.

Ü 19   (2) ihre, (3) meine, (4) deine, (5) Unsere, (6) eure, (7) seine, (8) sein, (9) mein, (10) Ihren

Ü 20   *Beispiele:* Kennst du unseren Auftrag? Habt ihr eure Taschen? Suchen Sie unser Büro? Findest du seine Adresse? Nimmt er dein Fahrrad? Braucht sie meinen Schlüssel?

Ü 21   2. unserem/ unseren (Plural), 3. euren, 4. ihrem, 5. ihrem, 6. meiner, 7. meiner

Lösungsschlüssel

Ü 22 2. Ihm gefällt seine Arbeit sehr gut. 3. Mona hat ihren Auftrag. 4. Sie trinkt einen Kaffee mit ihrem Kollegen. / Sie trinkt mit ihrem Kollegen einen Kaffee. 5. Michelle redet gerne mit ihren Mitarbeitern.

Ü 23 1. eine, meine, 2. mein, meins, deins, 3. keins, 4. meinen

Kapitel 8

Ü 1 *Beispiele:* Ich möchte in Köln einen Sprachkurs besuchen, weil ich Deutsch für meine Arbeit brauche. Ich möchte meine Verwandten in Hamburg besuchen. Ich muss ein Praktikum im Ausland machen, und ich habe in Zürich eine Stelle gefunden. Ich bin Ärztin und möchte an einer Fortbildung teilnehmen. Ich fahre an die Nordsee, denn ich möchte einmal dort Urlaub machen. ...

Ü 2 2. (Sie brauchen heute) eine bessere Ausbildung. 3. Er nimmt (seit einem halben Jahr) an einer Ausbildung teil. 4. (Sie liebt) Geschichten: armenische Geschichten, russische Märchen, georgische Lieder. 5. (Sie hat) mit einer privaten Lehrerin (gelernt). 6. Sie studiert Sprachen und will für ein Jahr nach Deutschland. 7. Das Visum ist noch nicht da.

Ü 3 a) 1. f, 2. r, 3. f, 4. r, 5. f, 6. f
b) 3. falsch: in ein mexikanisches Restaurant – richtig: in eine deutsche Kneipe, 5. falsch: einmal im Jahr – richtig: zum ersten Mal, 6. falsch: auch Spanisch – richtig: sehr schnell

Ü 4 (2) gefunden, (3) Familie, (4) kein Visum, (5) Versicherung, (6) Antrag, (7) früh genug, (8) Gefühl, (9) Traum, (10) Angst

Ü 5 Bosnien – Österreich: 1, 6, 9; Neu im fremden Land: 3, 5, 7; Ein neues Zuhause: 2, 4, 8

Ü 6 1, 3, 4, 5, 8

Ü 7 1. D, 2. G, 3. F, 4. A, 5. E, 6. B, 7. C

Ü 8 2. in, 3. zum, 4. kein, 5. ein paar / wenige, 6. immer/einfach, 7. Mittagspause/Pause, 8. anderen/Kollegen/Leuten, 9. die, 10. dass, 11. sich, 12. fremd, 13. haben, 14. Alle / Die Besucher / Die Leute, 15. fremd, 16. Jahren, 17. gekauft/bekommen, 18. den, 19. ersten/wichtigen, 20. habe

Ü 10 *Beispiel:* 1. Am Abend bin ich zu ihrem Haus gefahren. Ich habe geklingelt und die Kollegin hat die Tür aufgemacht. 2. Hinter der Tür standen viele Schuhe. 3. Die Kollegin / Sie hat mir ein paar Hausschuhe gegeben. Ich habe die Schuhe ausgezogen. 4. Alle zehn Gäste haben Hausschuhe getragen. Nur der Hund hatte keine Hausschuhe an.

Ü 11 2. Zum Olympiazentrum wollen'S? 3. Wie heißt ... 4. Karlsplatz, wie Karl ... 5. Habe ich ... 6. Ja, ganz genau ... 7. Wie bitte? ... 8. Olympiazentrum. Ich hab geglaubt, ... 9. Ja, ja, genau. ...

Ü 12 1. B, 2. C, 3. E, 4. A, 5. D

Ü 14 fröhlich – ernst; lachen – weinen; traurig – froh; krank – gesund; ruhig – nervös; zufrieden – unzufrieden

Ü 15 *Beispiele:* Ich war sehr glücklich, als wir unsere Kinder bekommen haben. Ich bin zufrieden, wenn ich Zeit habe. Ich ärgere mich, wenn ich etwas nicht sofort finde. Ich habe Ängste, wenn ich mit jemand im Auto mitfahre und er fährt sehr schnell. Ich fühle mich unzufrieden, wenn ich länger keinen Sport mache. Ich bin traurig, wenn es meinen Freunden nicht gut geht. Ich weine, wenn ich ganz glücklich bin.

Ü 16 1. So ein Glück! 2. Ich bin glücklich und zufrieden! 3. Hoffentlich geht es gut! 4. Das tut mir sehr Leid! 5. So ein Mist!

Ü 17 1. E, 2. D, 3. B, 4. A, 5. C

Ü 18 1. D, 2. E, 3. G, 4. F, 5. B, 6. A, 7. C

Ü 19 (2) an, (3) auf, (4) auf, (5) über, (6) für, (7) von

Ü 20 Freust du dich auf den/deinen Urlaub? Hoffst du auf gutes Wetter? Träumst du von viel Geld? Erinnerst du dich an den/deinen ersten Schultag?

Ü 21 1. Wenn der Wecker klingelt, stehe ich auf. 2. Er ruft beim Arzt an, weil er einen Termin braucht. 3. Sie fragt/fragen nach, wenn sie etwas nicht versteht/verstehen. 4. Er freut sich, weil er mit einem Praktikum anfängt.

Ü 22 1. Als, 2. Als, 3. Wenn, 4. Als, 5. Wenn, 6. Wenn

Ü 24 2. bis, 3. Seit, 4. seit, 5. bis, 6. bis, 7. Seit

Ü 25 1. C, 2. A, 3. B, 4. D

Ü 26 (2) weil, (3) wenn, (4) dass, (5) seit, (6) bis

R 2 b) 1. Sie hat eine Fortbildung besucht. 2. (Sie arbeitet) in einer Firma in Vilnius. 3. (Sie sagt,) dass sie eine gute Zeit hatte. 4. Sie hat ihren Pass und ihre Dokumente verloren. 5. (Sie ist nach Berlin gefahren,) weil sie einen neuen Pass brauchte. 6. Die Arbeit in der Firma (hat ihr am besten gefallen).

Kapitel 9

Ü 1 A 1, B 3, C 4, D 2, E 7, F 8, G 5, H 6

Ü 2 1. Ich muss den Computer starten. 2. Ich tippe das Passwort, damit ich ins Netz gehen kann. 3. Ich klicke die Mailbox an, ich kann die E-Mails herunterladen. 4. Ich lese die E-Mails und beantworte die wichtigsten sofort.

Ü 3 1. falsch: Termin um 10, nicht um 11 Uhr – richtig: Termin ist um 11, nicht um 12 Uhr. 3. falsch: Fotos – richtig: möchte die Powerpointpräsentation zeigen

Ü 4 1. f, 2. r, 3. r, 4. f, 5. r

Ü 5 richtig: 1. Dein Handy ist <u>ausgeschaltet</u>. 2. Und da ist <u>das Handy</u> aus. 3. Wir sollen um acht <u>beim Kino</u> sein. 4. <u>Lächeln!</u> Klick – und fertig. 5. Hast du ein Handy <u>mit Kamera</u>?

Ü 6 (1) geht, (2) einschalten, (3) Empfänger, (4) kenne, (5) Bild, (6) Abkürzung, (7) schicken, (8) Foto-Handy, (9) bringe, (10) mit

Ü 7 1. verbindest, 2. sprechen, 3. öffnest, 4. starten, 5. legst, 6. (aus)drucken

Ü 8 1. B, 2. F, 3. D, 4. C, 5. E, 6. A

Ü 10 a) *Vorschlag:* Das Handy klingelt 5-mal. Heinz entschuldigt sich, weil er erst spät von der Arbeit gekommen ist und sich noch frisch machen möchte. Dann ruft er noch mal an und sagt, dass er jetzt losfährt, und dann gleich noch einmal, weil er glaubt,

dass seine Freundin ihm böse ist. Zum vierten Mal ruft er an, weil er keinen Parkplatz findet, und dann noch einmal, weil er sagen will, dass er jetzt einen Parkplatz gefunden hat.
b) *Vorschlag:* Die Frau findet, dass Handys das Leben kompliziert machen. Sie zerstören Freundschaften und die innere Ruhe. Und sie stehlen Zeit und stören überall.

Ü 12 a) richtig: 2. 6 Kilometer Stau, 3. Deutsche Bank – 150 000 Euro, 4. 10 Sekunden, 5. Rot-Grün – Gewerkschaft (statt „Regierung"), 6. Konzert (statt „Theater") – Beginn 20 Uhr 30
b) A 1, B 3, C 4, D 6, E 2, F 5

Ü 13 Termin vorschlagen: 3, 7, 12; Zusagen: 4, 5, 9, 11; Absagen: 2, 6, 8, 10

Ü 15 a) 2 die Eintrittskarte, 3 die CD/DVD, 4 der Anrufbeantworter, 5 die Tastatur, 6 das Fernsehen

Ü 16 a) der CD-Player, das Radio, der DVD-Player, der Fernseher, das Handy, der Computer, der Drucker, der Fotoapparat, die Kamera

Ü 17 früher: zum Briefkasten gehen, die Post holen, die Briefe lesen, einige Briefe beantworten, die Adresse tippen, die Antwort schreiben, in einen Umschlag stecken, zur Post bringen, manche Briefe kopieren, in einen Aktenordner legen
heute: den Computer anschalten, die Mailbox öffnen, die E-Mails lesen und beantworten, auf „Antwort" klicken, eine kurze Nachricht abschicken, manche E-Mails ausdrucken, in einer Datei abspeichern

Ü 18 a) 2. Drei E-Mails sind auch für den Chef wichtig, deshalb druckt sie die E-Mails / sie aus. 3. Sie hat um 12 Uhr eine Besprechung, deshalb geht sie um 11 Uhr in die Kantine. 4. Gleich beginnt die Besprechung, deshalb schaltet sie ihr Handy aus. 5. Im Konferenzraum ist es sehr warm, deshalb macht Ines alle Fenster auf.
b) 2. Sie druckt drei E-Mails / die E-Mails aus, weil sie für den Chef wichtig sind. 3. Sie geht um 11 Uhr in die Kantine, weil sie um 12 Uhr eine Besprechung hat. 4. Sie schaltet ihr Handy aus, weil gleich die Besprechung beginnt. 5. Ines macht alle Fenster auf, weil es im Konferenzraum sehr warm ist.

Ü 19 2. Sie druckt drei E-Mails aus, damit ihr Chef die E-Mails lesen kann. 3. Sie hat sich ein neues Handy gekauft, damit sie auch Fotos mit dem Handy machen kann. 4. Ines und Monika schicken ein Foto an Roland, damit er was zu lachen hat. 5. Ines verbindet das Handy mit dem Computer, damit sie das Foto ausdrucken kann.

Ü 21 Es klingelt. Es schneit. Wie spät ist es? / Wie viel Uhr ist es?

Ü 22 2. es regnet. 3. es ihm nicht gut geht. 4. es klingelt. 5. Geht es (auch) um 16 Uhr?

Ü 23 2. soll, 3. soll, 4. sollen, 5. sollst, 6. sollen, 7. sollt

Ü 24 Roland schreibt, wir sollen um vier im Schwimmbad sein. Wir sollen pünktlich sein und gute Laune mitbringen. Und wir sollen was zu essen kaufen.

Kapitel 10

Ü 1 1. D, H, 2. B, G, 3. A, E, 4. C, F
Ü 2 1. r, 2. f, 3. f, 4. r, 5. f, 6. f, 7. f, 8. r
Ü 4 1. a, 2. a, 3. b, 4. c, 5. c
Ü 7 B 2, C 6, D 5, E 3, F 1
Ü 8 1. C, 2. E, 3. A, 4. G, 5. H, 6. I, 7. F, 8. D, 9. B
Ü 9 richtig: 1. das bekannteste Gebäude in Berlin. 2. Zuerst reibt man Kartoffeln. 3. Seine „Kleine Nachtmusik" kennt jeder. 4. Die beiden deutschen Schriftsteller. 5. Er ist 4478 Meter hoch. 6. Ich wohne in Wien und bin jeden Tag dort.
Ü 10 1. a, 2. b, 3. c, 4. b, 5. c
Ü 11 2. Freunden, 3. Ort, 4. Familie, 5. wohl gefühlt, 6. Heimweh, 7. Kontakt, 8. Zuhause
Ü 12 2. C, 3. B, 4. A, 5. B, 6. B, 7. A, 8. C, 9. C
Ü 14 1. klingeln, 2. die Treppe/Stiege, 3. das Regal, 4. das Dach, 5. die Kündigung
Ü 15 b) 2. sie, 3. er, 4. ihn, 5. Er
Ü 16 2. seiner, 3. ihm, 4. seine, 5. er, 6. er, 7. sein, 8. ihm, 9. seine
Ü 18 1. Die Familie erzählt, dass das ihr neues Haus ist. Das ist jetzt ihre Heimat. 2. Ihr Hund heißt Toby. Er ist fünf Jahre alt. 3. (Sie erzählen), ihr altes Haus war viel zu klein. 4. Sie bekommen Besuch: Ihre Oma und ihr Opa kommen. 5. Ihre Kinder verstehen sich sehr gut.
Ü 19 2. jemand, niemand, 3. man, 4. jemand, 5. jemand/niemand, niemand
Ü 20 1. jemand, 2. alles, niemand, 3. nichts, 4. Alles, 5. alles, nichts, 6. niemand
Ü 22 1. Vielleicht ist das eine Uhr. 2. Ich glaube/denke, das ist eine Tasse. 3. Es kann sein, dass das ein Handy ist. 4. Wahrscheinlich ist das eine Gabel.
R 1 b) 1. (Sie ist) in Bochum (zu Hause). 2. (Er wohnt) mit seinen Eltern und seinen zwei Brüdern (zusammen). 3. Die Umgebung von Todtnau (ist seine Heimat). 4. Sie wusste nicht, was das ist, eine richtige Deutsche. 5. In ihrer Wohnung in Bochum (fühlt sie sich besonders wohl). 6. Er war noch nie länger als eine Woche von zu Hause weg.

Kapitel 11

Ü 2 1. r, 2. f, 3. r, 4. f
Ü 3 1. das, 2. nicht, 3. mich, 4. Ich, 5. aber, 6. wir, 7. auch
Ü 4 1. C, 2. F, 3. B, 4. D, 5. A
Ü 5 1. A, 2. B, 3. D, 4. B, 5. A, 6. A, 7. C, 8. C
Ü 6 1. (Andreas wohnt) in Bregenz, (in der) Anna-Straße 4. 2. Ja (, Andreas ist verheiratet, er hat einen Doppelnamen). 3. (Andreas ist von Beruf) Grafiker. 4. (Andreas schreibt an) Frau Bayer von TechnoData.
Ü 7 1. b, 2. c, 3. b, 4. a

hunderteinundvierzig | 141

Lösungsschlüssel

Ü 8 um Rat fragen: Welches Hemd soll ich nehmen? Findest du, dass die Ohrringe passen?
einen Rat geben: Das passt nicht zu dir. So kannst du nicht mitkommen. Du könntest das gestreifte Sakko anziehen. Zieh doch bitte die gelbe Krawatte an.
ein Kompliment machen: Du siehst super aus! Die schwarzen Schuhe passen gut zu dir. Das lange Kleid ist wunderschön. Das steht dir gut! Und die Ohrringe sind sehr schön!
auf ein Kompliment reagieren: Das freut mich. Danke.

Ü 10 1 A gutes, B Danke, C in deinem, D ich
2 A viel, B dein, C Alles, D Glück(wunsch)
3 (1) grün, (2) Sommerzeit, (3) Winter, (4) Blätter
4 (1) komm ... her, (2) sag, (3) nicht, (4) bring, (5) großes

Ü 11 Weihnachten: 4, 6; Silvester: 2, 5, 8; Ostern: 3, 7, 9

Ü 14 freundlich: 1, 4, 5, 8, 9

Ü 15 1. gratuliere, 2. Gute, 3. Herzlichen, 4. Dreißigsten, 5. Einladung, 6. Kompliment, 7. Glück, 8. süß

Ü 16 Angelika, die mit den Ohrringen und den dunklen Haaren; Frau Kummer, die mit dem Halstuch und den blonden Haaren – die so lacht; die Chefin, die mit der blauen Jacke und der weißen Bluse und der Halskette, die Orangensaft trinkt; Bruno, der Grafiker mit der Brille und dem dunklen Hemd

Ü 17 a) die kleine Nase, die dunklen/braunen Haare, der unsportliche Typ, die großen Augen, die unsportliche Figur, das hässliche Gesicht, die dicken Lippen, die dunkle Haut, der lange Hals, die schwachen Arme, die breiten Hände, die kurzen Beine, die kleinen Füße, der helle Bart, die hässliche Brille, die silberne Halskette

Ü 18 2. könntest, 3. würde

Ü 19 2. könntest, 3. könntet

Ü 20 2. würde, 3. hätte, 4. würden, 5. hätten, würden

Ü 22 2. Könnten Sie mir sagen, wie viel Uhr es ist / wie spät es ist?
3. Entschuldigung, könnten Sie mir sagen, wie ich zum Bahnhof komme / wo der Bahnhof ist? 4. Könntest du mir bitte den Zucker geben? / Würdest du mir bitte den Zucker geben? 5. Könnte ich mir bitte (einmal) die Hände waschen? / Könnte ich bitte das Bad benutzen?

Ü 24 Weihnachten: wird geschmückt – schmücken, werden gesungen – singen
Ostern: wird gefeiert – feiern
Neujahr: wird gefeiert – feiern, wird angestoßen – anstoßen

A2B1 Andrea und Milan

Ü 1 (1) komme aus, (2) bin ledig, (3) arbeite als, (4) habe ... eine Lehre gemacht, (5) gefällt mir, (6) mit Menschen arbeiten, (7) mag den Kontakt, (8) interessiere mich für, (9) seit 10 Jahren, (10) mit meinen Eltern, (11) nach Hamburg, (12) an der Fachhochschule, (13) nach dem Abschluss, (14) bei Siemens

Ü 2 Lieber Milan, ich danke dir für deine E-Mail. Ich freue mich, dich zu sehen. Leider kann ich aber am Freitag nicht, da meine Mutter Geburtstag hat. Aber am Samstag geht es. Kommst du auch mit dem Zug um 16 Uhr? Ich habe in der Zeitung nachgesehen. Es gibt viele Dinge, die wir machen können. Ich möchte am liebsten auf die Tourismus-Messe. Wenn du länger bleibst, dann können wir auch noch in das Konzert von Herbert Grönemeyer. Hast du Lust?

Ü 3 1. r, 2. f, 3. f, 4. r, 5. f, 6. f

Ü 6 1. Ofenkartoffel mit geräuchertem Lachs, Frankfurter Würstchen (o. a.), den Lachs; 2. ein Mineralwasser; 3. 5 Euro 10; 4. Adelholzener; 5. Brot oder Brötchen und Kopfsalat

Ü 7 (2) hat ... gewartet, (3) bin ... gesprungen, (4) haben ... umarmt, (5) geküsst, (6) geschaut, (7) hat ... geführt, (8) haben ... gefunden, (9) haben ... überlegt, (10) sind ... gegangen, (11) haben ... getanzt

Schlusstest

S. 98 Hören 1
1. bis 18 Uhr; 2. 236 87 10, 3. 10 – 19 Uhr, 4. morgen ab 17 Uhr, 5. nächste Woche

S. 99 Hören 2
6. a, 7. b, 8. a, 9. c, 10. b

S. 99 Hören 3
11. b, 12. j, 13. c, d, 14. f, 15. i

S. 101 Lesen 1
1. b, 2. c, 3. a, 4. c, 5. a

S. 102 Lesen 2
6. Falsch, 7. Falsch, 8. Richtig, 9. Falsch, 10. Richtig

S. 103 Lesen 3
11. e, 12. d, 13. f, 14. a, 15. x

S. 104 Schreiben 1
(1) braun, (2) USA, (3) nein, (4) 18.7. (5) Hotel Edelweiß, (6) Seilergraben 10, 8000 Luzern

S. 105 Schreiben 2
Vorschlag: Lieber Günther, vielen Dank für Ihre Nachricht, ich freue mich sehr, dass Sie uns besuchen möchten. Am 3. April habe ich einen Termin frei, passt es Ihnen an dem Tag? Und kommen Sie allein oder mit Ihrer Freundin? Sie können sie gern mitbringen, ich würde mich freuen. Caroline arbeitet leider nicht mehr bei uns, sie hat eine Stelle in Frankreich angenommen und ist jetzt in Paris. Aber ich kann Ihnen ihre Adresse geben, dann können Sie ihr schreiben oder sie anrufen. Dann also bis zum 3. April? Mit herzlichen Grüßen ...

Quellen

akg-images (Foto: S. 40 B) – akg-images / Gerd Schütz (Foto: S. 40 C) – archivberlin / Luftbild & Pressefoto (Foto: S. 38, Foto 4) – Land Berlin / Thie (Foto: S. 38, Foto 3) – Susanne Busch (Foto: S. 51) – Caro/Kaiser (Foto: S. 39) – Corel Stock Photo Library (Foto: Matterhorn S. 80) – Gillian Darley, Edifice/CORBIS (Foto: S. 40 u.) – Deutsche Bahn AG (Fotos: S. 22) – Gundi Görg (Foto: S. 16) – Gernot Häublein, Altfraunhofen (Foto: S. 46) – Charles Erik Huber, Atelier für Photographie & Text, Ennetbaden, Schweiz (Fotos: S. 94) – Andrea Kalmer, München, „Mein Handy klingelt", Ausschnitt (S. 72) – Lufthansa Bildarchiv (Foto: S. 14 A) – Vincent Mallea (Foto: S. 17) – Le Mirador Kempinski, Mont-Pèlerin, Schweiz (Foto: S. 31) – Martin Müller, Bürglen (Fotos: S. 18, 23) – Polyglott Kartographie München (S. 15, 86) – Quino, Cartoon „Nackt, wie Gott ihn schuf", Lappan-Verlag, Oldenburg 1996 (S. 33) – Lutz Rohrmann, Edingen-Neckarhausen (Fotos: S. 90) – Paul Rusch, Götzens (Fotos: S. 30, 47, 56 u., 63, 80 Ski) – Theo Scherling, München (Fotos: S. 14, 19; Zeichnungen: S. 27, 28, 31, 35, 36, 60, 67, 76 u., 83 li., 91) – Helen Schmitz (Fotos: S. 84) – Edelgard Weiler, Düsseldorf (Foto: S. 14 B) – Sabine Wenkums, München (Fotos: S. 11, 45) – Lukas Wertenschlag, Lutry (Fotos: S. 6)

Alle hier nicht aufgeführten Zeichnungen: Christoph Heuer, Zürich
Alle hier nicht aufgeführten Fotos: Vanessa Daly, München

Lerner-CD zu Training und Aussprache, Lehrbuch Kapitel 1–11, und Arbeitsbuch A2B1 Schlusstest „Ausklang"

Index AB–CD	LB-Kapitel, Aufgabe	Index LB–CD	AB-Kapitel, Übung
2	1, A 16	1.11	
3	1, A 17	1.12	
4	1, A 18	1.13	
5	1, A 19	1.14	
6	1, A 20	1.15	
7	2, A 13c	1.23	
8–10	2, A 14	1.24–26	
11	2, A 15	1.27	
12–15	3, A 8	1.40–43	
16	3, A 12	1.44	
17	3, A 13	1.45	
18–19	3, A 14b	1.46–47	
20	3, A 15	1.48	
21	3, A 16	1.49	
22	4, A 9	1.54	
23	4, A 15	1.56	
24	4, A 16	1.57	
25	4, A 17b	1.58	
26	4, A 18	1.59	
27	5, A 10	1.62	
28	5, A 13	1.66	
29	5, A 15	1.67	
30	5, A 17b	1.68	
31	5, A 18	1.69	

Index AB–CD	LB-Kapitel, Aufgabe	Index LB–CD	AB-Kapitel, Übung
32–33	6, A 8	1.73–74	
34	6, A 13	1.76	
35	6, A 14	1.77	
36	6, A 15	1.78	
37	6, A 16	1.79	
38	7, A 11a	1.84	7, Ü 11a
39	7, A 11b	1.85	7, Ü 11b
40	7, A 18	2.1	
41	7, A 19b	2.2	
42	7, A 20b	2.3	
43	7, A 21	2.4	
44	7, A 22	2.5	
45–47	8, A 10	2.10–12	8, Ü 11b
48	8, A 16a	2.14	
49	8, A 16b	2.15	
50	8, A 17a	2.16	
51	8, A 17b	2.17	
52	8, A 18	2.18	
53	8, A 19	2.19	
54	8, A 20	2.20	
55–60	9, A 10b	2.34–39	
61	9, A 15a	2.41	
62	9, A 15b	2.42	
63	9, A 16a	2.43	
64	9, A 16b	2.44	

Index AB–CD	LB-Kapitel, Aufgabe	Index LB–CD	AB-Kapitel, Übung
65	9, A 17a	2.45	
66	9, A 17b	2.46	
67	9, A 18	2.47	
68	9, A 19	2.48	
69	10, A 13	2.59	
70	10, A 14	2.60	
71	10, A 15	2.61	
72	11, A 11c	2.69	Ü 14a
73	11, A 14	2.71	
74–75	11, A 15	2.72–73	
76	11, A 16	2.74	
	A2B1, Schlusstest		
77–82	Hören 1	2.80–85	A2B1, S. 98
83–88	Hören 2	2.86–91	A2B1, S. 99
89	Hören 3	2.92	A2B1, S. 99

Musikproduktion und Tonstudio: Heinz Graf, Puchheim
Schnitt: Heinz Graf
Regie: Sabine Wenkums
Gesamtlaufzeit: 61' 40
© ℗ 2005 Langenscheidt KG, Berlin und München

Spannung im DaF-Unterricht

Leichte Lektüren – Jetzt mit Mini-CD

Die bekannten Krimi-Lektüren in 3 Schwierigkeitsstufen jetzt auch zum Hören. Geeignet für Deutschlernende aller Altersstufen.

Oktoberfest
Stufe 1, illustriert, 32 Seiten
ISBN 3-468-49691-5
mit Mini-CD, ISBN 3-468-49713-X

Oh, Maria ...
Stufe 1, illustriert, 32 Seiten
ISBN 3-468-49681-8
mit Mini-CD, ISBN 3-468-49714-8

Berliner Pokalfieber
Stufe 1, illustriert, 40 Seiten
ISBN 3-468-49705-9
mit Mini-CD, ISBN 3-468-49715-6

Ein Mann zu viel
Stufe 1, illustriert, 32 Seiten
ISBN 3-468-49682-6
mit Mini-CD, ISBN 3-468-49716-4

Elvis in Köln
Stufe 1, illustriert, 40 Seiten
ISBN 3-468-49699-0
mit Mini-CD, ISBN 3-468-49717-2

Der Märchenkönig
Stufe 1, illustriert, 40 Seiten
ISBN 3-468-49706-7
mit Mini-CD, ISBN 3-468-49710-5

Das Gold der alten Dame
Stufe 2, illustriert, 40 Seiten
ISBN 3-468-49683-4
mit Mini-CD, ISBN 3-468-49718-0

Ebbe und Flut
Stufe 2, illustriert, 40 Seiten
ISBN 3-468-49702-4
mit Mini-CD, ISBN 3-468-49719-9

Heidelberger Herbst
Stufe 2, illustriert, 48 Seiten
ISBN 3-468-49708-3
mit Mini-CD, ISBN 3-468-49712-1

Ein Fall auf Rügen
Stufe 3, illustriert, 48 Seiten
ISBN 3-468-49709-1
mit Mini-CD, ISBN 3-468-49726-1

Infos & mehr
www.langenscheidt.de

Langenscheidt
...weil Sprachen verbinden